人生は一度だけ

宮田武彦

文芸社

発刊に寄せて

出版おめでとうございます。読ませていただいて「ありがとうございました」と自然にお礼を申し上げたくなるようなステキな作品でした。

宮田さんのお人柄の温かさのルーツを垣間見させていただいたような気がします。

いつもニコニコと無邪気な宮田さん、何にでも興味をお持ちになって挑戦し、人生を謳歌していらっしゃるお姿を拝見し、

「だから、いつまでも若々しくしていらっしゃるんだよね」

主人とよく話しております。

幼くしてご両親と別れられ、暗く寂しいはずなのに、温かい方々に囲まれて、ヤンチャで元気いっぱいの子供時代ですね。良い人たちとのめぐり逢いもご人徳なのでしょう。

ご不幸の影は微塵も感じられないですね。

奥様を亡くされた時の寂しい心の中、胸が詰まって活字がかすんで見えました。

旅行にいらしても、いつも好奇心いっぱいで、外国の文化を体いっぱい、心いっぱい吸収していらっしゃいますね。一緒に旅行させていただいているような気持ちにさせられました。

私たちの知っている宮田さんは、会社を定年退職なさる少し前くらいからで、主人の麻雀のお仲間

で、よく家に見えられます。

宮田さんが参加される日の麻雀はいつもにぎやかで、お部屋の外まで楽しそうな笑い声が漏れてきます。

独特の人なつっこさと肩に力が入らないお人柄が、一緒にいる人たちをホッとさせるのでしょう。

宮田さんの生き方は、私たちの憧れです。

杉山内科小児科医院
石井元子

はじめに

わが国は、世界に類を見ないスピードで経済大国に成長してまもなくバブル崩壊となり、その頃から世界一の長寿国として定着し、人生八十年の時代がどっかりと腰をすえてしまった。私が成人して社会に出た頃、今から五十年も前は人生五十年が当たり前だったのに…。

いかに安定した社会で、人、皆平和と自由に恵まれつつ生きてきたとはいえ、八十年も生きる間にそれぞれ他と比べ物にならない個人特有の経験を持つものである。

まさしく思いがけない出来事に遭遇したり、思いもよらぬ出会いに恵まれたりで、日々の自分の意思とは異なる経験を経て今日までたどり着いたことになる。

七十年の人生を前にして、これからまだどのくらいの時間を営み続けることが可能か、まったく予測がつかないが、これまでを振り返り、現状を見て、思いつくままの自分史を、ペンの続く限り書き記すことにした。

私の今までの経験では、人間の暮らしは確かに自分自身の努力の産物であると同時に運命の操り人形のごとき面もある。俗に言う「不思議な出来事」や「思いがけない出会いの人生」などは、改めて振り返ってみればまったく運命の産物であると思う。

額に汗して働き続け、力の限りがんばって満足できる喜びに浸ることもたくさんあったし、叶わぬことに望みを託すこともかなりあったと思う。全部まとめて今までを振り返ると、運のよい幸せな人生を歩んでこられた部類に属すると自己満足をしている。同時に、それらを支えてくれた人々に対して心より感謝している。

人間なんて動物に比べればまったく情けない存在だと思ったこともある。この世に生を享けても、出てくるまでに十カ月も母の胎内で世話になり、出生しても、数年間はまったく自力で食べることもできないし、食べられるようになっても、たくさんの人の助けによって十数年もさまよい続けるわけである。また、大人になっても自力で食べられない人がたくさんいることを考えると、牛馬や犬猫に比べても、なんとも情けないことだと思う。

私は、たくさんの人の助けによって、また迷惑をかけながら今日まで生きてこられたと思っている。社会に出て働き手となって過ごした頃は現役と呼び、定年（六十歳）退職してからの人生を余生という。この余生を、私は最近「与生」と解釈している。

私は、目下与生の真っ只中を生きていると思う。この貴重な、神か仏かによって与えられた人生を、これまでお世話になった方々への恩返しの日々にできれば幸いと考えているが、なかなか思うようには行かず、毎日が過ぎて行くばかりである。

平成十三年十二月

宮田武彦

人生は一度だけ○目次

第三章　バブル全盛期から衰退へ

第四章　レクイエム（鎮魂歌）

第五章　一人旅

第六章　終着駅

宮田家系図（本誌登場人物は太字）

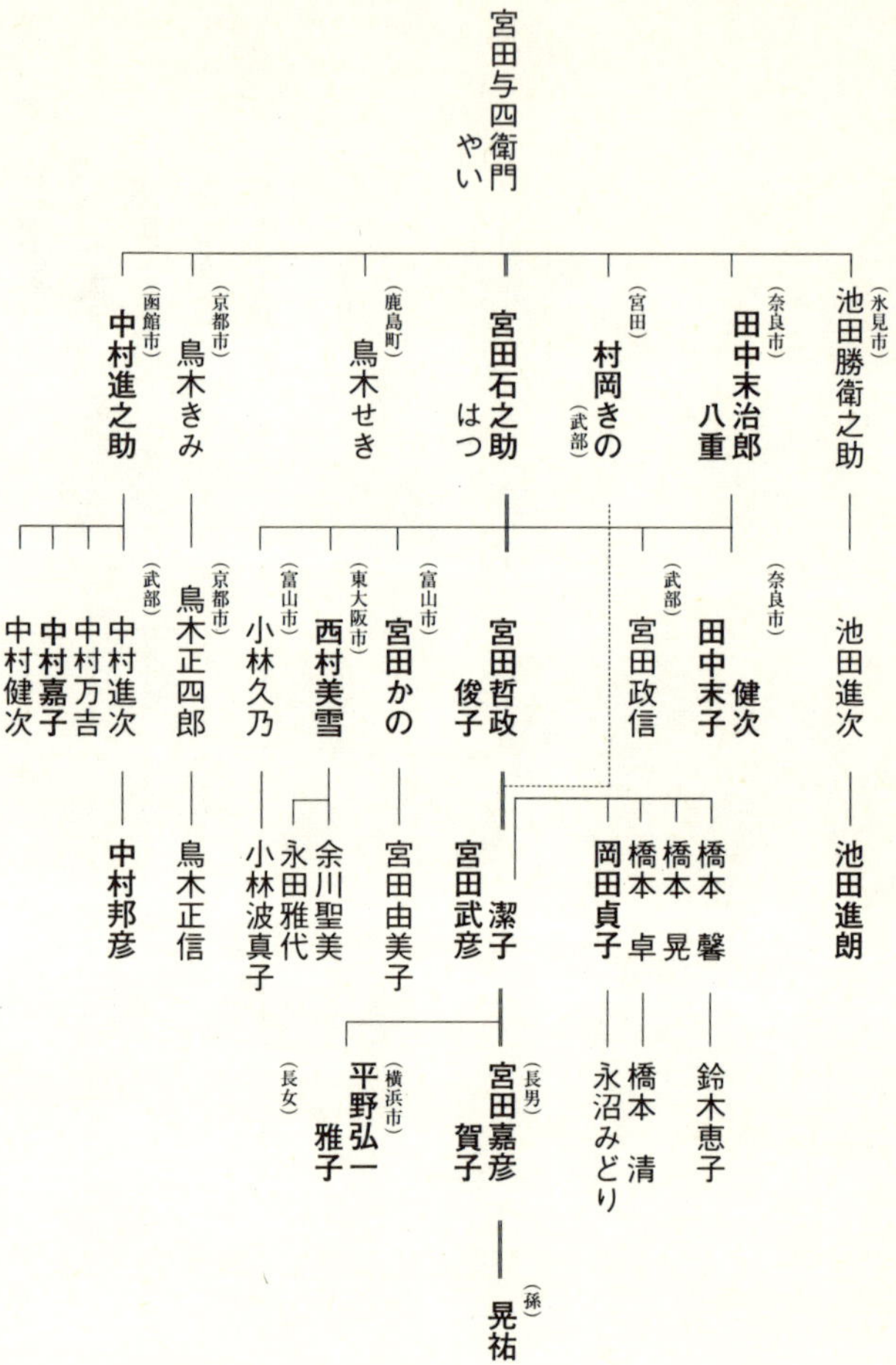

第一章

小さな人間の径（出生から大学まで）

小さな人間の径

この世に人類が誕生してから数十万年を経て今日の現代人に進化した。我々日本人が、人間の現代の文明を享受するまでに、数千年の時間を費やしている。この近代社会に到達するまでに、地球上のどこかで人間は大きなエネルギーを使い、莫大な犠牲を払って、果たせぬ夢を追い続けてきたのだ。その人間の歩んだ径の歴史は、常に闘争の連続であり、動物社会の弱肉強食の生存競争そのものであったと思う。

人々は、今日の時代は戦争の昭和から平和の平成になったと思ったが、今上天皇が即位して間もなくアラブで湾岸危機となった。数カ月してついに湾岸戦争に突入し、さらに十数年経って昨年秋には、同時多発テロが発生、アフガニスタンでは悲惨な戦いが続いている。地球上六十億の人間のほとんどが、大きな関心をもってこの戦争の結末を見守っている。

いつになったら世界平和が実現するのか、小さな人間の私には全く予想がつかない。飛行機でわずか一時間ほどの隣国の韓国では、三十八度線を境に北朝鮮（朝鮮民主主義人民共和国）との緊張が解けない状態が続いている…。

戦争を始め、戦争を終わらせる人物は、いずれにしても大物であると思う。それに反して、戦争で泣き、戦争で死ぬ人間は小さい人物であると思う。私はもちろん後者の小人物である。

サラリーマン生活三十八年を経て定年退職となり、人生終結のカウントダウンに入った小さな男が、曳かれ者の小唄にも似た自伝を書いてみた。

還暦を過ぎて十年。小さいなりにも歴史がある。第二次大戦を青春のピークで経験したが、その後は、武器を取っての闘いではないが、ある種の競争と闘いの日々の連続であったと言える。やがてその闘いにも終止符が打たれる時がやって来る。だが、大量殺戮と破壊を続けて飽くことを知らない大国の論理にはいつ終止符が打たれるのだろうか。

出生

昭和七年二月、世界的に不況の嵐が吹き荒れており、日本の政情も不安定な時代であった。当時の国際問題として、昭和六年九月に勃発した上海事変と、日本軍の中国に対する武力進出が、世界各国より非難を浴びて、リットン調査団が日本を訪れていた頃である。第二次世界大戦の流れが、そして神国日本の崩壊の胎動が始まりつつあった。

石川県鹿島郡越路村の我が家も貧乏のどん底にあえぎつつ、苦しい生活に明け暮れていたようだ。経済的には恵まれてはいないが、祖父の宮田石之助は、当時としてはなかなかのインテリで教育に対する理解と関心は強く、その影響で父哲政は、田舎者としては、当時の最高学府であった県立七尾商業に進学していた。

越路村字武部の我が家から、七尾市の学校まで歩いて片道八キロの通学で、冬はかなりの積雪と風雨の隘道が多く、現在の状況より想像できない、苦しい勉学の道だったと思われる。

学業を終えた父は、函館で事業をしていた叔父の中村進之助（石之助の弟）を訪ねて身を寄せたのである。そして父は函館で運転免許を取得、颯爽とオープンカーのハンドルを握ったスナップ写真が残っている。

当時父の従妹の中村嘉子が、父の運転で乗せてもらったことがあり、助手席でいねむりをしていると、コツンと頭をこづかれたとのことである。

「武ちゃんのお父さんに、よく乗せてもらい楽しかったよ」

東京で中村嘉子叔母の家に下宿した時に、叔母の昔話に時折聞いたことがある。この叔母は現在八十六歳で、東京の駒込で元気に独り暮らしをしている（平成十三年六月）。私の父が存命であれば九十七歳であり、叔母より十一歳年長である。

函館の大火と叔父の事業失敗で、父は数年後に大阪に行き、当時「万歳酒造」に勤めていた叔父の田中末次郎（石之助の弟）の世話になりつつ、バス会社の運転手として働いていた。このバス会社で、私の生母である青山俊子と知り合い、わずかの期間の交際で、生活基盤もかたまらないままに結婚し、叔父の住まいの近く、西淀川区野里に新居を構えた。

バス会社の同僚として私の叔母も（父の妹・西村美雪）勤めていたので、後年この叔母より、私の両親の当時のことを聞いたことがある。

奈良の叔母（父の妹田中末子）からも、私の赤ん坊時代や父の新婚当時の、父と母のゴタゴタ等もよく聞いたものだ。

生母俊子は、広島県福山市の旧家の出身で、番丁皿屋敷の主人公である青山播磨守の直系子孫と聞いたことはあるが、定かではない。

いずれにしても、職場で知り合った二人が、経済的な基盤も弱く、感情の赴くままに結婚し、生活力も整わぬ中に生まれたのが私なのである。親父は性格的に短気な面があり、酒を飲んでは暴力を振るったりしたようである。生母は、身体は小さいが気が強くて勝気な性格で、いくら自分の夫であっても、是は是、非は非とはっきりとものを言い、親父の言いなりにはならず、そのためいつも殴られたり、蹴られたりしたようだ。

この面では、私は隔世遺伝なのか酒は弱く、気長い性格で、女房とブツブツ言い合っても、声を荒げたり、暴力を振るうようなことはしなかったし、公平に見て夫婦仲は良いほうであった。

両親の性格と環境では夫婦仲もうまくゆくはずはないし、子供一人くらいいても離婚の結末となるのは現代ならば珍しい話でもない。夫婦喧嘩の繰り返しの挙句に、とうとう生母は私が二歳の時に、野里の借家に私を置いて出ていったのである。時に親父二十五歳、生母二十二歳であり、世情混沌に同化して、私の波乱万丈の人生がスタートしたのである。

七尾商業時代は相撲の選手で、堂々とした体格の親父も、二歳の赤ん坊を置かれて女房に逃げられたのでは哀れである。それから二年後、親父は事故と病気で、短い闘病の末に二十八歳の若さで、私が数え四歳の時この世を去った。

これからの記述で私が母と呼ぶのは、この親父の死後より両親の代わりとして私を育て、昭和五十三年（一九七八）の元日に、八十六歳でこの世を去った「宮田きの」のことであり、生母俊子とは、その後二十五年ぶりに再会して交流もあったが、昭和五十七年（一九八二）七十歳で他界する時まで、ついに血の通った母子関係にまでは至らずじまいだった。

私はプロ野球の阪神タイガースのファンだが、このチームの魅力は、非常な強さとあっさりと負けてしまうもろさにある。そして自分のルーツが、阪神電車の沿線、西淀川野里の生まれであることも、大きな理由のひとつである。また、阪神ファンには単純な馬鹿？　が多いそうだ。私も単純な馬鹿のひとりである。

東京オリンピックの年（一九六四）にセリーグ優勝、小山、村山のエースに藤村富美男、そして昭和六十年（一九八五）日本一となった時のランデー・バースに掛布、岡田、真弓はいつまでも忘れられない思い出である。今でも甲子園には時折出かけるし、『六甲颪』を大声で思いっきり歌うのが楽しみのひとつである。

アブヤの武坊

私は小学校から大学まで、ニックネームを「アブ」とか「アブさん」、ひどいのになると「ブー公」と呼ばれていたが、その語源については、ほとんどの人は知らない。高校を卒業の時に、別れのサイン帖に交わしたメッセージにこのことがはっきりと書かれている。

○下級生のK・道子　より

春から夏にかけて　そよ風の吹く夕暮れ
コバルトの空を背に　ブーンとアブの羽音がした時
私のまぶたには、きっとそれとは似てもつかぬ

あの少し太めの　真っ白な白線の帽子の
宮田さんを思い浮かべるでしょう
でも明朗な、そしてどこかセンチメンタルな
宮田さんも　もう私の懐かしい思い出の
一ページとなってしまわれましたのね。

○同級生のＨ・隆子より

「アブ」これがあなたの渾名だそうです、
何故そういうのかわかりません。
わからぬままに卒業して行きます。
不思議です、そして妙に印象的です。

共学だったので、女生徒が、私がなぜ「アブ」と呼ばれるのか、どうして「アブ」なのか知りたいとか、イメージが「アブ」らしくない等、すべて「アブ」と昆虫の虻に関連づけているが、実は昆虫のアブとはまったく関係がないのである。

「アブ」の由来はこうだ。

母が武部で「あぶや」という称号で薬種商を開業していたことは、地元では有名であった。そして母が作った『アブヤ膏』は、皮膚病の特効薬として評判を呼んだ。その「あぶや」の子供だから「アブ」なのである。だが、この屋号の由来が羽咋郡志賀町字安部屋という地名からであることは、ほと

んど知られていない。

母は薬種商を営む前に安部屋で雑貨屋を営んでいた村岡商店に後妻として嫁いだのであるが、主人はまもなく、先妻の娘二人を残して他界してしまった。

村岡商店ではお菓子も売っていたので、時折、私は手を出してつまみ食いをした。ところが、これがよくなかったのである。ある日、母が行商に出ていないとき、つまみ食いをした罰として、先妻の姉娘に両手をしばられたあげく、右側の口元にお灸をすえられた。

この娘は私を、押さえつけて、

「この口が食べるから…」と言ったとか。

行商から帰宅した母に、お灸の痕のことを聞かれた私は、

「天井から火がおちてきた」

と言って、ケロッとしていたそうである。これを聞いて、母はカッとなり、

「娘の分際で男の子に、しかも顔にお灸をすえるとは何事です」

と叫んだそうである。

私の右の口元には、いまだに、うっすらとお灸の痕が残っている。火傷の傷跡は死ぬまで消えない一種の指紋である。奴隷制度があった頃、白人が黒人の奴隷に焼印をすえたのと同様のことを四歳の時に経験したのだが、私には全く記憶がなく、母から昔話として聞かされた。

この事がきっかけとなって、母は私を連れて実家に戻り、薬種商を始めたのである。

安部屋は日本海に面した地域で、家の前はバス通りだが、すぐ裏庭は波打ち際で、砂浜を歩いて数分の距離に弁天様をお祭りした弁天島があった。母は、この弁天様をデザインした薬袋を作り、皮膚病の特効薬『アブヤ膏』と称し、販売を始めた。すると、よく効いたこともあり、思いのほか売れ、村の人からも大変喜ばれたのである。

当時は衛生環境が悪く、幼児や子供の皮膚病が多く『アブヤ膏』はベストセラー商品の一つであった。ただ、この『アブヤ膏』は母の考えた独創品であり、民間療法の一部であるから、薬として販売することは薬事法に違反するためできなかった。当然、薬種商の免許では扱えないものである。しかし、当時の社会環境から、この程度の脱法行為は、むしろ慈善行為の一環としてまかり通るような傾向があった。

夜遅く、母は乳鉢で『アブヤ膏』の原料を調剤しながら、私に何度も言った。

「おまえは早く大きくなって薬剤師になり、堂々とこの仕事をやってほしい」

この頃から、私は母の希望を叶えるために、勉強をすべきであると考えるようになっていた。

武部から安部屋に出かける時は、当時は一日がかりの行程であった。現在は車で走れば、一時間もかからないくらいの距離だと思うが、五十年以上も訪れたことはない。

七尾線良川から汽車で羽咋に行き、能登線（今は廃線）に乗り換えて高浜まで行く、高浜の町から海浜道を歩いて安部屋まで行くのは、幼児の私には大変疲れる遠い道のりだった。母は貧しい生活で、バスに乗る料金も節約せねばならず、荷物を背負って私の手を引きながら、トボトボと歩いたことを今でも覚えている。

母は、私が小学校在学中は「村岡きの」であったが、中学進学の手続きに併せて、実家の姓である「宮田きの」に戻ったのである。

当時、私の生母はどうなっているのか、生きているのか死んだのか、さっぱり分からなかったが、別に知りたいとも思わなかった。

小学校四年の暮れには大東亜戦争が始まり、日本国全体が戦争一辺倒で世の中が動いているようになってきたのである。

越路村字武部

歴史は古き天平の、　昔語りも懐かしき
石動山を背において、　建つや越路の我が校舎
校舎に集う七百の、　我ら学び児朝夕に
二ノ宮川の淀みなく、　学びの道を辿るかな
いでや我れ人日本の、　希望を担い身を修め

文化進めて山川の、清き越路の名を挙げん
越路小学校　校歌

昭和十年九月、親父が死んで私はこの世で一人きりになってしまった。親父は生前に、自分が最も信頼していた、叔母の「村岡きの」に、私の養育と将来を頼んでいた。

二十八歳の働き盛りの男が不治の病気を悟り、自分の死後の事について相談する相手もなく、悶々としていたようで、母から何度もこの頃のことについて聞かされていた。

晩秋の冷気が漂う、武部の空家にたどりついた時に母は、

「さあ武坊、おまえの家に帰ってきたよ」

「おばちゃん、ここは大阪かね？」

この会話は、それから母の死ぬ数カ月前まで、二人の望郷と昔話の繰り返される度に聞いたものである。晩年、名古屋に済んでいた頃母が、口を開くと、

「武部にもう一度帰りたい、仲間のほとんどは皆いなくなったらしいが、川の流れや草木に至るまで懐かしい…」

親父の死後から七尾高校を卒業するまでの十五年間住んだこの地は、私にとって、母の望郷の念とは異なった意味での喜怒哀楽の思い出があった。特に多感な少年時代から、純粋な青春時代は、当時の時代背景とともに、現代のそれとはあまりにも大きく、かけ離れたものである。

家族に恵まれなかったけど、幼児の頃の思い出に、それなりに楽しく、そして懐かしい出会いとふれあいがあり、何ともやりきれない別れも経験したのである。

この頃の交友関係が、いまだに最も絆が強く感じられるのは、誰しも同じではないだろうか？　社会に出て、種々の厳しい試練を越えて、それぞれの地位や名誉を備えていても、幼な友達や学友はいつまでも気軽な友人であるし、いつ会っても能登弁丸だしの会話になるのは不思議である。

九月十三夜　　　　上杉謙信

霜は軍営に満ちて秋気清し　数行の過雁月三更

越山併せ得たり能州の景　遮莫れ家郷の遠征を憶うを

戦国時代の越後の武将上杉謙信が、能登国の畠山氏の七尾城を攻めた時に詠んだといわれる、有名な詩である。この七尾城の城山の峰続きに鹿島町のシンボルでもある石動山があり、天平の昔を偲び、当時多数の僧兵がいたという壮大な寺院を復元しつつある（平成十二年～十四年）。

我が家からはこの石動山が常に眼前に見えており、二ノ宮川が村の中央を分断して流れている。小学校時代は石動山に、中学・高校時代は城山に数度登ったことがある。この風景は幼少の頃より、見慣れた我が郷土の絶景でもある。

その故郷も昨今の地域改革と自立の波に乗って、私が郷里を去ってから数町村の合併により、越路町を中心に「鹿島町」と改称された。鹿島町役場より、毎月広報「かしま」が送付されてくるので、郷里出身者の便りとして投稿した。

「ふるさとは遠くにありて」(平成十一年十一月号)

私は現在、六十七歳で高齢者仲間の入り口で独居生活を送っております。

昭和十年から戦後の困窮時代の二十五年春までの十五年間が、当時「越路村」と言った頃の懐かしい郷里の生活でした。

私の人生のわずかな時期であった武部の思い出は、いまだに鮮明な追憶として望郷の念にかりたてられます。

当時、越路国民学校の初等科より県立七尾中学に進み、戦後の昭和二十五年春、家業の薬店を継ぐつもりで上京し、薬学部に入学しました。

結局、このことが契機となって郷里を去ることになりましたが、小・中・高校時代の友が、いまだに最も懐かしく、親しい友人としての交流があります。

数年に一度帰郷いたしますが、幼少の頃に遊んだ二宮川の流れや、石動山の雄姿を眺めるたびに、我が郷里「鹿島の里」に栄えあれと叫びたくなります。

私は学業を終えて、四十数年間薬剤師を業として歩み続けております。

二十五年間も住んでいる静岡は、年中県外からの観光客がたくさん訪れるところです。

冬は暖かく、五年に一度くらいしか雪を見ませんし、夏も私宅は涼しくて、夜は冷房も要りませんので、高齢者には生活しやすいのですが、でもやっぱり「鹿島町」が懐かしい故郷です。

この記事を読んだ郷里の同級生から、早速電話や手紙が届いた。少年時代や郷里の友は、何とも言えぬ懐かしさがある。時折テレビのニュースやインタビューを見ていて能登の田舎弁を聞くことがあるが、懐かしさのあまり、画面に食い入るように引き寄せられることがある。

俗に「子は親の背中を見て育つ」のたとえがあるが、私の現在を見て、過去を振り返る時、四歳の時から養育してくれた母「宮田きの」の影響は多大であり、母は幼少の頃より偉大な存在であったし、その背中はとても大きく見えたものである。

母は武部に落ち着いてから、当初は店売りと行商を半々にやっていた。一日家にいても、ずっと座っているのでなく、庭の掃除（約二百坪の広さ）に、裏の畑仕事をしながら店を開けていたので、店の前に「裏におりますので呼んで下さい」と書いた看板を置いていた。

お客さんは、かなり遠く（八キロくらい）から歩いてくる人もあり、買い物だけでなく、病気の相談はもちろん、世間話に縁談までと、全く人生相談所のようなものであった。時には手紙の代筆までした。なかには居間に上がりこんで、半日くらい話し込んでゆく人もあった。

卸のセールスにくる人は、ほとんど居間に上がりこんで、昼食や夕食をして、ゆっくりと商談をしていた。

金沢から毎月来られる化粧品と石鹸の卸屋さんの、島崎さんは親戚の人以上に親しく交流があった。小学校から高校時代まで、私も金沢の島崎さんの家によく遊びに行き、三人の子供と同年代でもあり、兄弟姉妹のように、楽しくしていた事が、大変懐かしく有難い思い出である。お正月や夏休みになると、二、三泊して、すっかり家族の一員であった。

母の行商は、当初は歩いて十キロくらいの田舎道を、重い荷物を背負って歩いたのであるが、能率を考えた末に、四十五歳の時自転車に乗ることになった。夜遅くなって、一人で隣の小学校のグラウンドに行き、自転車に乗る練習をしていた姿をいまでも覚えている。

母は両手とも、青春時代に火傷で指が不自由になり、身体障害者手帳を持っていた。だから自転車のハンドルを持つのも容易ではなく、蝋人形の指が崩れたような手先には、この練習は大変危険を伴うものであったと思う。

字を書くときも、ペンを持つ手は手先で抱えるような状態でありながら、かなりの達筆であった。絵を描くことも好きで、お祭りの時、提灯に筆で素晴らしい水彩画を書いていたし、今でも仏壇の引き出しに、筆でスケッチした絵が入っている。

冬寒くなると、指があかぎれで血だらけになっていたのを覚えているし、夜寝る前に膏薬を指先につけていたことを思い出す。

こんなに苦しい生活の中にも、母は常に希望と勇気とユーモアを兼ね備えていたと思う。母の希望は、私を立派に育てること、勇気は生活の苦しさに負けないこと、そして常に周囲を楽しませて、自

分も積極的にその笑いの中心にいたのである。

元日や　餅で押し出す　去年糞
火葬場で　親父のキンタマ　焼け残り
おかしくもあり　笑われもせず

これは母の作品である。

母は四十五歳の時に薬種商の試験に挑戦し、一回目は落ちてしまった。二回目の時の猛烈な勉強ぶりは今でもはっきりと記憶に残っているし、母の偉大さが感じられる思い出の一つである。三重苦のヘレンケラーという立派な人がいたけど、私にとって身近なヘレンは母である。

前述の広報「かしま」（昭和四十九年三月号）に母のことが出ている。

「この道一筋に」・・・薬に生涯をかける

「あぶや」の愛称で地域の人達に親しまれている宮田薬種店は、創業以来三十余年の老舗です。開業当時、農村共通のものとして、医師と医療施設の不足、費用の支払いにこと欠く経済事情も手伝い、あきらめムードのただよう世情のなかで薬を販売、家庭からの注文もうけ、夜間の急患や幼児の怪我などの治療には貴重な存在となっていました。

終戦前後の物資不足や、時の流れと共に移り変わる多種多様の薬種をこなし、女手一つで孤塁を守るファイトには敬服のほかありません。

子供の時から、根っからの勉強好き、ランプのほの暗い明かりをたよりに、むさぼり読んだ幾多の図書による知識が、年齢を忘れさせる優れた理解力と社交性を生み出したものといえるでしょう。

不自由な身を克服して、愛息を薬学士に育てた努力は並大抵ではなかったと思います。

昨年まで長寿会の役員として活躍、新しいセンスを盛り込んだ余興や行事の企画が、会員からヤンヤの喝采を浴び、自らの出演もあって、モダンお婆さんとして面目躍如たるところがあります。

生花もたしなみ、最近では書道も手がけ、暇を見て筆をとる姿に生涯教育を地でいく感がしました。

（武部在住の薬種業・宮田　きの　さん八十三歳）

越路国民学校初等科

昭和十三年、日本軍が中国大陸で大暴れをはじめた頃、国際的にはますます孤立化の道を歩みつつあったが、国内では軍人がいよいよ権力を拡大してきた。現在の小学校を「国民学校」と呼称を改め、次第に大人から子供まで、軍国主義の流れに巻き込んでいったのである。

当時の田舎には幼稚園なるものはなくて、託児所と呼ぶところへ通った。託児所では私は人気者で、遊戯や運動にも積極的で、先生の受けが良かったし、私自身も楽しい気分ではしゃいでいたようだ。小学校に入ってからも、勉強が好きで、成績も常に上位だった。

一年生の時の担任は福浦文子先生で、和服の似合う小柄な、やさしい先生だった。当時の女の先生は、宝塚少女歌劇団の制服のような、和服とスカートを着ており、子供の私でも何となくかっこいいなあと感じたものである。また福浦先生は、お昼休みに、教室の隅で赤ちゃんに授乳される事があり、皆が輪になって赤ん坊を、眺めていたことを覚えている。

広報『かしま』に掲載された母の姿

当時は全学年ごとに科目別テストが実施されて、点数の良い者は、朝礼の時に校長先生より賞状を授与された。私は読み方（国語）・算数（数学）のテストではいつも、表彰を受けていたので、母はその都度、賞状を仏壇に供えてお参りをしていた。学年末には、優等賞をもらったので、赤飯を炊いて祝ってくれたが、私にはそんなに名誉なこととは思えなかった。

とにかく勉強が楽しくて、一人で教科書を見たり、絵や字を書いて遊ぶことが好きで、時折近所の仲間を集めて、学校のマネごとをしたり、戦争ゴッコやチャンバラもよくやったものだ。

小学校に行くようになってから、母は行商に出かけて、留守番をすることが多くなったが、よく遊び、よく遊んだとしか自分の記憶には残っていない。

ある日、私が友達と戦争ゴッコをしていた時、友達のお父さんが「祝・延命出のガキ大将宮田武彦君」と書いた旗のぼりを造ってくれた。当時、出征兵士の送別に、この旗のぼりを先頭に行進して、駅まで見送ったものである。延命出とは、武部の集落は通称、延命出・中町・下出の三区画になっていた。特に私が住んでいた延命出は、旧家の「延命家」の姓からとったもので、今だに親しく交流のある友人に、延命順一郎君（藤沢市在住）と延命昭君（名古屋市在住）がいる。

私が五十三歳の時、心筋梗塞で心臓手術をした時、延命順一郎君からお見舞いの品を送って来た時、私の長男が言った。

「お父さんの友達の延命さんよりお見舞いが届いたよ、大変縁起の良い人からの贈り物だから良かったね…」

あれから十六年になるが、五回ほど入院して風船治療にステント挿入等、かなりの処置で近代医療の恩恵に浴しつつ、楽しい与生を過ごしてきたと感謝している。

夏は新池（しんけと呼ぶ）で泳ぎ、冬は裏山のゲレンデで竹スキーに乗って日の暮れるまで遊びに夢中だった。

県立七尾中学から七尾高校

平常歌

思えば遠し天正の　昔語りを今更に
御祓の川の音に聞く　千古の声は夢の跡
東の空を眺むれば　実に清かなる星月夜

思い出多き初旅の　旅情慰めかねつつも
雲霧晴れて星宿る　御祓の空に五年を
苦楽の中に語らふは　三星校の健男児

五年過す暁に　出で立つ健児の勇ましく
千又に道は分かるとも　其の真心は唯ひとつ
清く此世を渡れかし　見よ能州の山の月

第二次世界大戦が日本では、大東亜戦争と呼ばれて、戦況がますます苦しくなり出した頃、質実剛健の伝統を誇る、石川県立七尾中学に入学した。当時の教育制度や社会環境より、小学校から中学へ進学することは大変な名誉なことであり、私自身、大人になったというような自覚を感じたものである。

学業の優れぬ者は、国民学校高等科へ自動的に進学することになっていたし、経済的に貧しい家庭でも、中学に行くことは困難であった。私も今までの試験で、大学入試、薬剤師国家試験とか、自動車運転免許等、たくさんの試験を受けてきたが、この七尾中学に合格したことと、大学卒業の時の就職で、明治商事入社試験に通過した二つの試験が最もうれしい難関である。

幼少の時から、明けても暮れても、母から、

「薬屋という職業は良いものだ、人の生命や傷を癒して喜ばれ、農業をやるよりも楽である。我が家は母子家庭でありながら、経済的にも余裕が持てることは、感謝せねばならぬ。お前は将来、薬剤師になって、この職を継ぎ、店をさらに大きくしてほしい」

と言われていたし、私も心からそのように感じていた。そしてそうあるべく努力を続けていた。

当時は誰もが国家のためになることを、特に男は直接戦地に出かけて銃をとって戦わねばならぬと強く教えられてきた。私は薬剤師となって、戦場に出ることと決めていたのである。

作文の時間に、「自分の進むべき道」と題して書くこととなったが、このことを書いて出したら、皆の前で、

「作文はうまく書けているが、考え方がなっとらん、女々しい」と決めつけられて、文句を言われたことがある。

中学二年になると軍隊が学校に入ってきて、柔道場や剣道場に寝起きするようになった。そして追い出されるように我々は学徒動員となって、磐城セメント七尾工場に通勤することとなった。

戦場ではアッツ島玉砕とか、サイパン・グアム全滅のニュースが伝わると共に、アメリカ空軍のB29爆撃機による、日本本土の空襲が、激しくなってきた。当時のラジオ放送で、「東部軍管区情報、敵B29爆撃機、約十機、御前崎を北進中、空襲警報発令」と発表されて三十分もたたぬ間に、白い飛行機雲を引いてプロペラの音が聞こえてきたものだ。青空を見上げて、花火見物でもするような感覚で、B29の編隊を眺めていたし、都会の空襲の悲惨な感覚は全然わいてこなかった。

八月十五日、工場がお盆休みなので、一人きりで千里浜に海水浴に出かけた。夕刻帰宅しようと羽咋駅に来て戦争が終わったことが分かった。

これからどうなるのか、七尾で中国人の捕虜があばれているとか、天皇が敗戦を認めてラジオで放送したようで、街頭の野次馬がいろいろと話しているのが耳に入ったが、私はあまり驚かなかったし、明日から工場に行かなくてもよいと思ったくらいで、その日は過ぎていった。

戦争は終わったが、私には戦時下以上の事件が待っていた。

当時、金属やゴム製品、特に食料品は極度に品不足で、日本列島は飢餓の極地であった。終戦まもなく、滝尾の池田さんという遠い親戚の叔父さんが突然訪ねてきて、統制品の鋳物やゴム靴に風呂釜まで持ちこんで、田舎の米と交換し、東京へ運びつつ商いをはじめた。

これが大変な繁盛で、母も乗り気になり、片棒を担ぐこととなったが、持ち歩き厳禁の酒製品にまで手を伸ばしたことがたたり、ついに留置所場入りの結末となる。

母の弟、田中末治郎は大阪の萬歳酒造会社の部長で、このルートから酒製品が手に入った。母は行商で鍛えた背中に、禁制品のウイスキーや酒、焼酎に味醂までどっさりと背負って汽車に乗り、田舎に持ち帰る途中警察に捕まり、取り調べに対して黙秘権でがんばったが、荷物は没収されて一晩留置場に入れられた。

翌日叔父が引き取りに行くと、

「田中さんのお姉さんですか、大変失礼いたしました」

警察署長が、叔父の詩吟のお弟子さんとかで、係官が恐縮していたとか言っていた。帰宅した母はこのことを泣きながら話していたが、私には笑えてくる事件だった。

いつの時代も官憲は、庶民の味方でなく権力の番犬である。

昭和二十年十二月、池田のおじいさんが来るようになって、数カ月たった頃であるが、

「人は一生にいろいろのことを経験し、思いがけないものを見たりするものだが、今の東京はこの世の生き地獄である。百聞は一見に如かず、君の生涯でこんなことは、めったにないから上京しなさい」

私は生まれて初めて東京に出た。とにかく汽車に乗るのにもなかなか切符が買えなくて、普通の人

では動きのとれない頃であり、長距離の旅は許可証が必要でもあった。叔父は特別のコネで簡単に、東京行きのキップを手に入れてくれた。

冬なのに列車には暖房もなく、途中の駅から乗る人は、ほとんど窓から乗り降りするし、その窓は半分くらい板張りで、金沢から信越線経由で上野まで二十時間ほどかかった。

当時の東京の都心はほとんど焼け野原で、東京駅のホームの屋根はブリキ板、国電は二、三十分に一本くらいしか走っていなかった。上野駅の地下鉄乗り場へ行く時に、地下道で親子で餓死寸前の人をたくさん見たし、神田の地下道では、餓死した死体の搬送を見た。私はここで初めて、戦争の悲惨な姿にふれたのである。

奈良の叔母

私の雑学が祖父の血筋を引いているとすれば、カルチャーのルーツは、奈良の田中八重叔母の存在が大きい。この叔母は個性が強く、身内や親類からは、あまり良く言われないばかりか、ほとんどの人はボロクソに怒られた事がある。ところがなぜか私はこの叔母の見込みが良く、色々と親切に教えてもらった。

叔母は大変な達筆で文才もあり、私が便りを書く時は、常に手本としていた。しかも叔母は、古紙を利用して常に習字の練習をしていた。

中学二年のとき、奈良に遊びに行き麻雀を教えてもらったが、大学の卒業式に私の両親代わりとして出席し、父兄代表で謝辞を述べてもらったことがある。

当時下宿していた杉並の中村嘉子叔母宅で、麻雀をやりたいと叔父が言い出して、始めたところ停電となり、蝋燭をつけて夜遅くまで続けたことがある。賭け麻雀は会社に勤めてからだが、いずれにしても麻雀を覚えて六十年になりそうだ。このほかに室内遊戯では、百人一首、トランプ、花札等、当時としてはモダンな趣味であり、田舎者の私にとって、叔母の家で覚えたたくさんのことは、私の人生に大きな影響を及ぼしたのである。

叔母の家にはいつも来客が絶えず、それも私にとっては大変珍しい人たちだった。西宮市長の秘書で、連合軍の通訳をしていた田中幸男氏は、英語とモダンダンスが好きで、私にとっては英会話の良きリーダーだった。繊維商社のサンパウロ駐在を四十数年も勤めた久次米　寛人氏は物真似が上手で、ポルトガル語とスペイン語が話せる紳士だった。

私は学校が休みになると、奈良に遊びに行くのが楽しみであった。叔母も子供がいないので、私が行くのを待っていてくれた。叔父は詩吟の師匠で、弟子が全国に三千人くらいおり、朗吟・作詩・作曲のいずれも指導していた。特に作詩では本をたくさん書いており、通信指導もやっていたので、外国からも毎日添削の郵便物が届いていた。

叔父の作詩した『狂女百萬之詩』は、奈良の西大寺の境内に大きな石碑となっている。石碑の除幕式には、家族全員が招かれて、雅子が幕を引いたのである。

叔父は実子がなく、両養子（久次米健次・宮田末子）を迎えていたが、この夫婦にも子供ができず、私たちが孫のような存在だった。加えて末子叔母は、私の父の妹（叔母）であり、二代続いての血縁のある親戚だった。

末治郎叔父は、宮田の家系の中でも飛び抜けて優れた存在であり、八重叔母は良き協力者でもあったと思う。後年、末子叔母もこの影響で、詩吟、お茶、・俳句の師匠で老後を過ごしている。

末子叔母も無類の麻雀好きで、四人揃えば誰とでも卓を囲み、八十を過ぎても夜遅くまで粘り強くパイを振り回していた。二、三カ月に一度のペースでお呼びがかかり、はるばる静岡から京都経由で奈良の学園前まで出かけて、老人福祉のつもりで相手をしているが、油断するとんでもない負けを食うので、レートは小さいが真剣に取り組んでいる。

冒頭に述べた祖父の石之助の雑学であるが、武部の家の二階建て納屋には珍しい物がたくさん置いてあった。長持ちのような木箱に「浄瑠璃」の台本がたくさん入っており、奥座敷の床の間には、浄瑠璃三味線がたてかけてあったし、その横にはバイオリンと蓄音機が置いてあり、たくさんのレコードがケースに入っていた。

レコードの種類は、クラシックから演歌、浪曲、講談とバラエティに富んでいた。ベートーベンの『月光』、ウィーン交響楽団の『ドナウ河の漣』、オペラ・カルメンの『ハバネラ』、『闘牛士の歌』、愛染かつらのテーマ曲霧島昇の『旅の夜風』、寿々木米若の『佐渡情話』、落語家・柳屋金語楼の『一兵卒』等々。現代ならばＣＤマニアであったと思う。

これらのレコードを、母は店に来た客を招き寄せては聞かせていた。もちろん蓄音機を手で回しながら、針を取り替えつつ聞いていたが、田舎では高級品であり、ラジオや電話もほとんどの家に無い頃であり、モダンな娯楽の部類であった。いつの頃からか、私もこの影響で音楽・映画・演劇にスポーツ観戦から、最近は海外旅行と手と足を伸ばしているのである。

静岡市に体育文化協会（体文協）と呼ぶ文化サークルがあり、数年前からその組織の社会人大学の夜間教室に聴講生として参加し、各種各界の講師の楽しい経験談や主張を聞いている。

この教室は何と三十八年も前に開講した伝統のある講座で、過去には徳川夢声、相田みつお氏の故人や、最近ではタレントの橋爪功、苅谷俊介、バイオリンの大谷康子、マンガコラムニストで夏目漱石の孫の夏目房之助に、昔のアイドルで今は塾女となったジュンとネネの早苗ＮｅＮｅさん等大変バラエティに富んだ講師陣である。

昨年は皆勤の賞状と、京都の清水寺の森清範貫主の直筆色紙を授与されたのであるが、この体文協のテーマは毎年新しく取り上げており、昨年は「見ようとしないと、何も見えない」であり、今年は「人間とは何ですか」である。

この講座に出席される生徒の顔ぶれは、老若男女さまざまであるが、いずれも知識欲の旺盛な人ばかりで、熱心にメモをとっている人が多いのである。講座の他に、野外実習として野山のハイキングや、観劇等バスに乗って泊りがけで出かけることもある。皆勤賞はこの野外行事に最低一回は参加しないと権利が無い事になっており、昨年は東京国立劇場の歌舞伎鑑賞に参加した。中村雁次郎の「小栗判官物語」の四時間に及ぶ歌舞伎を観劇したのである。

とにかく自分にとって未知の分野の事は、健康の続く限り何でもチャレンジしてゆきたいと考えているのは、亡き母の教えにあやかりたいと日頃から身についた習性であろうか。

ウインクの思い出

昭和二十三年四月、学制改革により県立七尾中学と七尾高等女学校が合併して、県立七尾高校が設立され、男女共学となった。第二次大戦中の教育で、「男女七歳にして席を同じうするなかれ」と言われてきたのに、ある日連合軍の教育担当官が学校にやってきて、全校生を講堂に集め、男女交際の意義とテクニックについての講演を聞かされた。

「好意を持ったり、関心のある異性に対してのモーションの第一歩は、相手の目を見てウインクをしなさい」

とてもそんなことできないし、相手もいないのに、と思って聞いていたが、意外と早く、いまだに忘れられない、思い出のウインクを受ける恩恵に浴したのである。

高校二年の頃から、私は大学入試に向けて進学テストを真剣に取り組んでいた。当時テストの結果が良いと、職員室の前の廊下に名前と点数が張り出された。私の名が出ていると、同級生のY君の妹で一年下のKちゃんが、時折下校の途中の　畷道で、待っていて話しかけてきた。

「武ちゃん、今度のテストも良かったね…」

下級生の、しかも女の子から話しかけられるということは、当時としては大変な勇気と決断に近いものが、お互いに必要であった。

「今日は何時の汽車で帰るがいね」

「店の仕入れ物を取りに行くので、五時に乗るつもりやわ」

「それじゃ私も五時にするわ」

「遅くなるからいいよ」

「荷物持ったげるわいね…」

徳田駅に列車が着いてから、二人で荷物を持って四キロの夕暮れ道を歩いた。

三年になって受験のピークに、ホームルーム制と、科別選択制の導入で教室の移動が多くなったので、休憩時間中は廊下で会うことが多かった。会うといつも、どちらからともなくウインクをするようになった。Kちゃんとは卒業の時に、サイン帖にこの事が書かれているだけで、淡い思い出である。

大学三年の時、田舎の役場から成人式の通知があり、二宮の長賢寺が当時公民館となっていたので出席した。式終了後に、寺の本堂の階段で記念撮影をする時視線が合い、ウインクをしたきりである。何と彼女は高校を卒業して直ぐに結婚し、私の郷里の旧家の奥さんになっていた。

星薬科大学へ進学

昭和二十五年三月、七尾高校の卒業式に私は初めて羽織・袴姿で出席した。母が、死んだ親父の形見だからと言って、箪笥にしまってあった着物を出してきたのである。着物で登校した者はもちろん私一人しかいなかったが、自分では異様な気分は何も感じなかったし、クラスの仲間も別に何も言わず、むしろ誇らしげにしていた。

担任の谷口先生は、

「宮田君卒業おめでとう。着物がよく似合うよ」

と言ってくれたので、卒業の実感が嬉しくこみあげてきた。

卒業式が終わって市内の叔母（「宮田かの」平成十三年四月死去、享年八十八歳）のところに報告にゆくと、叔母は声をあげて泣きだし、喜んでくれた。

金沢大学薬学部の入試に失敗して、今年は浪人して来年もう一度チャレンジしようと考えていた時、店の取引先である滝尾の池田商店の若主人が仕事で家に来られたとき、

「東京の星薬科大学で二次募集しているけど、受験だけでもどうやいね」

「うちじゃ、とても東京の大学には出せないし、無理やわ」

母と話していたのを聞いていて、私は何となく東京に行けそうな気がしてきた。母には受験だけと

言って上京した。

試験問題は意外と簡単で、結果については自信があったが問題は多額の入学金と授業料。思いきって奈良の叔父に相談すると、二つ返事で応じてくれたので、すべての入学手続きを済ませて武部に帰った。母はあっけにとられていたが、私は何とかなるだろうと簡単に考えていた。

四月、東京・北区赤羽の池田さんの二階の一室を借りて、東京での学生生活が始まった。

赤羽から京浜東北線で品川まで行き、山手線に乗り換えて五反田まで行き、池上線に乗り換えて戸越銀座下車の通学は片道一時間半くらいかかった。当時のE電のラッシュ時は大変な混みようで、五反田での乗り換えの時、二度も下駄が脱げて電車の中に置き去りを食ったこともあった。

夏休みが終わって、植物研究部のグループからの誘いもあり、下宿を千駄ヶ谷に替わった。最初は「斎藤かたばみ荘」の別室を借りていたが、しばらくして学生の寄宿管理は、斎藤さんから佐々木さんに替わった。この頃の生活は、今から思い出しても大変楽しいものだった。

後に中央大学英文学の教授となった行吉邦輔さん、郷里の友の延命君や星薬の同期生の近君、故人となった長尾君等と愉快に過ごした。食事の世話をしてくれる佐々木さんは大変モダンで我々学生の良き相談相手だった。また、ここからは明治神宮外苑が近いので、競技場や球場によく出かけたし、渋谷や新宿にも歩いて行った。千駄ヶ谷はどこに出かけるにも便利だった。

大学三年になって、佐々木さんのお母さんの身体の状態が悪くなり、またもや下宿を替わることとなり、近君と一緒に戸越銀座の日の出荘に引っ越した。日の出荘の高木さん夫婦も大変親切な方だったたし、特におばさんには家族のようにいろいろとお世話になった。

この頃になると、母からの仕送りが時々遅れたり、途絶えることもあり、育英資金だけでは不自由なので、必然的にアルバイトをやるようになった。アルバイトは家庭教師がほとんどだったが、朝鮮動乱のアメリカ軍の携帯食料造り、くすりの訪問販売、パチンコ屋の玉出しをしたり、NHKの「三つの歌」に出演して賞金をもらったりで、全くバラエティに富んでいた。

高木さんの長女のヒデ子ちゃんが六年生になった時、個人指導を頼まれて、首尾良く私立白百合学園に合格した時は、自分の事のように嬉しかったものだ。品川区の片岡さんの長男に英語を教えていて成績が良くなり、弟も頼むと言われたが、この弟は学年でも一、二番と優秀で、私は専ら遊び相手のようなものだった。当時の片岡さんは日平産業の総務部長だった。

私は何となく英語が好きだし、NHKラジオの英語会話を聞き始めて、もう三十年になる。

考えてみると、高校の頃英語の担任で大谷先生の厳しい授業にあまり抵抗を感じなかったし、学生アルバイトの収入のほとんどは家庭教師で賄っていたと思う。それも中学生の英語が中心になっていたし、自分でも英語に打ち込むようになっていた。

奈良の叔父の家では、田中幸男氏の通訳英語に接し、千駄ヶ谷の下宿では、早稲田の英文学を専攻していた行吉邦輔さんと親しくしていて、英語に接する機会が多かった。

米軍のアルバイトの時、黒人の兵士と何度か話し合ったのがアメリカ人との会話の最初である。その時、松本の深志高校出身の東大生と一緒だったが、彼は時折ジョークを交えながら黒人の兵士と話し合っていたのを覚えている。私はこのアルバイトで、トラックの上乗りまでやったのは良いが、疲労が重なって風邪をひいてこじらせ、急性肺炎となった。病気が治ってから外務省に行き、労災と見舞い金まで貰ったのは、思いがけない体験だった。

卒業数カ月前になって、薬剤師国家試験の準備もあり、下宿を杉並の中村嘉子叔母宅に替わった。ここには、又従兄弟の法政大学生の池田進朗君や明治大学生の橋本さんに岡田君がいて、彼らとは囲碁をよくやった。橋本さんや叔母さんとはよく一緒に音楽会やバレー鑑賞等にも出かけたものだ。

第二章

社会に出て（就職から明菓との合併まで）

明治商事に入社

昭和二十八年の秋、先輩の誘いで、当時銀座のビルが完成したばかりのエスエス製薬にあこがれて、入社試験を受けに行った。四度も呼ばれて審査されたあげく、「貴意に沿い難く…」の返事が届き、あきらめて田舎に帰ることを考えていた時、薬理学の辰野教授に呼ばれた。

「宮田君、エスエス製薬は残念だったね」

「私は郷里で薬局をやります」

「明治商事から募集がきているけど、受けてみてはどうかね?」

「どんな会社ですか?」

「明治製菓の販売会社で、抗生物質のペニシリンやストマイを扱っているよ」

人の一生は全く分からないものである。このような話し合いがあって、私は突然就職先を変更し、今度は京橋の明治製菓ビルに試験を受けに行った。エスエス製薬から返却されてきた書類は、そっくり明治商事へ送付されていたのである。

明治商事からも三度呼ばれて、厳しい試験であった。しかし明治商事の場合は、出かけるたびに日当と交通費を支給されたので印象は良かった。

当時は大変な就職難の時代であった。武田薬品や三共、田辺等の一流会社には、学力優秀はもちろんのこと、かなりのコネクションがないと受験すらさせてもらえなかったのである。

一次の学科試験、二次の論文と面接、そして三度目は、宮下会長と向山社長の面接と身体検査である。試験問題等は明治のほうがずっと楽だったので割合リラックスしていたが、コネが全くないので、結果を確認するまで複雑な心境で一週間ほどを過ごした。そして十二月二十四日、速達で合格の通知が届いた時、思わずバンザイを叫んだものだ。

当時、明治商事は証券業界の推奨銘柄であり、今から考えても、長い会社生活の中で最も良い状況の時であった。初任給一万一千六百円は、当時の大卒ペースでは最高額だった。それに賞与が年に四回も出るし、昇給が二回あり、給与は月二度支給されるので、周囲から良い会社に入ったね、と言われていたのである。

水戸出張所勤務

五十名近い応募者から、七名の薬系部門の合格者で、そのうち四名が東京近辺の出張所に配属になると聞いていた。しかし合格といっても、その年の薬剤師国家試験に合格することが条件で、十月に薬剤師免許証が交付されて初めて正式社員としての辞令が、四月一日に遡って発令されることとなっていた。薬剤師国家試験は、四月に学科試験、九月に実地試験と二度に分けて行われるため、約半年の間は仕事と勉強の両立てだった。

東京支店官内の配属先は、横浜、千葉、浦和、水戸の四カ所だと聞いていたが、国電の通ってない地区の水戸には行きたくないと思っていた。しかし、

「宮田君は水戸、滝根君は千葉、〇〇君は浦和…」

と発表された。

この時以来、滝根君とは同期の友として四十数年間の親友としての交流が続いている。子供たちも、「滝根のおじさん」と呼んでいるし、お互いの結婚式はもちろん、彼の母堂様の葬儀には妻と一緒に参列し、私の妻の葬儀にも遠路来ていただき、弔辞を述べてもらったこともある。

彼の奥様は水戸が実家で、その関係から水戸に永住されている。囲碁の腕前は、明治グループの職域対抗戦の代表選手で日本棋院六段の実力者である。数年に一度の御指導を受けるが、七目のハンデを貰っても一勝三敗の成果が精一杯である。お酒が好きで、陽気な飲みっぷりと、高齢に似合わぬ美声で演歌からオペラまでを高々と歌い、良い雰囲気を作り出している。

さて、五月の春雨が激しく降りしきる水戸駅に着いた時、前途の多難なことを何となく感じたのである。水戸駅には、もちろん誰も迎えに来ていなかったが、東京支店で書いてくれた地図を頼りに電車に乗って南町まで来ると、水戸出張所の場所はすぐに分かった。

水戸の事務所は、当時、市の中心の目抜き通りに面してあり、午後五時過ぎになると若い人の待ち合わせで、会社の前や横の路地で立っている人が多かった。向かいが新築開店の富士銀行水戸支店、左隣は有名な和菓子の「水戸の梅」の亀印本舗であり、休日ともなるとたくさんの人出で、会社の前

はお祭りのように賑やかであった。

社会人としての第一歩の地、水戸には約三年間勤務して、茨城弁も結構話せるようになったが、いまだに話のアクセントに時折尻上がりの語調が出て、宮田さんのご出身はどちらですかと聞かれることがある。

現在も「水府会」と称して、毎年秋に一泊で水戸勤務ＯＢ会が開催され、四、五年に一度の割で出席しているが、次第に物故者が増えつつあり、寂しい限りである。

水戸出張所の勤務ではたくさんの先輩にお世話になり、社会人としてのイロハから、仕事の手順まで親切に教えていただいた。会社の宿直室での生活で、まず先輩の鹿倉さんには、いろいろと会社の中の人間関係を教えてもらった。当時、拓大出身といえば強面のイメージが強かったが、優しく親切でこの人の怒った顔を見たことがなく、常に冷静に事の流れを見ておられる感じがした。公私共にいろいろと相談に乗って貰った。

早稲田出身の黒沢さんに、オートバイの運転から自動車の運転まで習い、伝票の発伝から出荷、客先の引継ぎ、茨城県と水戸市の地理にいたるまで懇切丁寧に指導してもらった。この人の教え方は非常に合理的であり、その後の会社生活で大変に役立ったと思っている。いまだに年賀状をいただくが、プロ級の写真技術を持っており、すべてのことに凝り性で、最近は日本の名山から、世界にも足を伸ばしておられるようだ。

このほかに、昨年故人となられた上野さん、働き盛りで他界された富永（旧姓関）さんや、同期で版画と算盤のベテランの樋口君と、樋口君の奥さんとなった大沢さん、経理のベテランの藤枝君に真面目なセールスの久信田君、中堅として活躍された鴨志田さん（故人）、そして今も水府会の幹事を務めておられる石崎さん。配送のベテランで野球の上手な堀江さん、故人となった西野さん等、この人たちとの暖かい思い出が、いつまでも脳裏に焼き付いて離れない。

個性豊かなベテラン所長の漆崎清氏のもとで、これらの人たちが、明治の旗印をかかげて元日早々に初荷の出陣をしたことや、豪華な慰安旅行で大宴会に酔いしれたこと、赴任した当時の新人いびりで泣かされたことも懐かしい社会人としての初旅の思い出の一ページである。

水戸の漆崎所長は、当時支店管内はもちろん、本社でも水戸の殿様と呼ばれていたが、新人の私には入社当時は大変厳しい存在で、仕事中はもちろん、休日でも会社にやって来ていろいろと注意をするので、毎日ピリピリと緊張の連続であったが、半年くらいして営業に出ると、次第に態度が変わり、逆に高く評価してくれるようになった。

私も営業の成績を高めるために一生懸命がんばって、仕事に真剣に取り組んだのでグングンと成績が上がり、何よりも客先の皆さんが時々会社に訪れて来て、私のことを誉めてくれたので、所長の態度がガラリと変わって、私に優しくなってきたのである。

昭和三十一年一月、第一回の転勤で千葉出張所の滝根君と交代で、それぞれの初移動となった。私が千葉に転勤と聞いて、漆崎所長は盛大な送別会を二度も開いて別れを惜しんでくれた。二度目はお客さんをたくさん呼んで、後任の滝根君も出席した。水戸の「山口楼」という一流の料亭に会場を設営し、芸者も呼んで飲めや唄えやのドンチャン騒ぎの大宴会であった。

千葉出張所勤務

昭和三十一年春、当時の千葉出張所は千葉市の中央の通町にあったが、事務所は狭くて小さい建物であった。水戸の漆崎所長の剛に対し、千葉の鵜野所長は柔のタイプで、経理出身なのでかなり繊細というか、指示が微細であり、感情もあまり表に出さないので、当初は仕事がやり易いのか、難しいのか分からなかった。しかし、しばらくすると、相談し易いのと話をゆっくりと冷静に聞いてくれるので、仕事の面ではやり易い雰囲気であった。

経理の故人となった羽山さんは、お相撲さんのように大きな人で、おおらかなタイプで優しく、仕事も几帳面でいつも夜遅くまで残業をしており、所長の信任も厚く、皆の良き相談相手でもあった。早稲田大学卒で、経理の仕事もベテランで、大きな体に似合わず伝票の字は小さくて、一つずつキチンと書いてあるので大変読みやすく、その面でも皆の信頼が厚い存在であった。

マージャンが強くて好きなので、夜遅くまでやったり、休日もわざわざ会社にきて二階の畳部屋でよくやった。とにかく強いので毎月のように、会社の皆が月末の給料日には、羽山氏の集金に応えていた。野球の上手な銚子商業出身の亀田君、東京から通勤のモダンボーイの永井君、北海道の北見出張所から転勤してきた谷さん、皆好きなので顔が合うと卓を囲んでいたものだ。

一番年配の長谷川オトウサン、愛妻家で現役中に故人となった久城さんに、仕事に真面目な森谷（旧姓武田）さんと矢部さん、当時配送の仕事で大型トラックを運転していた倉持さんに、倉庫の仕事で張り切っていた故人の阿部君に、信州伊那の出身でクラシック音楽が好きだった池上君、入社早々で北アルプスの槍ヶ岳に、新婚ほやほやの私と潔子と一緒に登山した小畑君、地元出身の大塚君、そして紅一点の林都子さん、みんな楽しい仲間で懐かしい人たちである。

千葉に赴任してすぐ、炊事のオバサンの世話で葛城町の岩井パン店の一部屋を借りて下宿していたが、三年くらいたった夏のある日、突然下宿のオバサンのすすめで、新築のトイレと炊事場付きの部屋に引っ越すこととなった。仕事から帰ると部屋の中の机や小物が無くなっているのでびっくりしていると、オバサンが、

「いつまでもうちにいても良いけど、嫁さん貰っても良いように、良い部屋を見つけたからね…」

別にフィアンセがいるわけでもないのに、何となく追い出されるようにして近所のアパートへ転居したのである。

「アパートの家主の奥さんが来て、少し運んでいたよ」

その部屋は近くだ、というので早速そのアパートに行ってみると、新しい畳の上にそれらの古い品物がチャンと置いてあった。

「今日は日が良いから、引越しのしるしに、少し運んでおきましたよ」

ニコニコしながら、潔子の母、橋本はつが語りかけてきた。義母とのこれが最初の出会いであった。

住めば都の、岩井パン店の古い間借り生活に名残りを惜しみつつ、私はあまり気が進まなかったが、しぶしぶ翌日から少しずつ荷物を運んだ。

潔子の父、橋本宗司は几帳面な人で、面倒な書類にいろいろと書いてあり、一つずつ確認をして、契約の印を押して完了したのである。

この親父は長らく千葉県の警察官で、定年退職の頃は成田警察署の署長を勤めたこともあり、当時は東京の土木建築厚生会の本部で常務理事をしており、一見して厳格な感じの風貌であった。

「几帳面が背広を着ているようなもんだね」

当時潔子との会話に、時折そんなことを言った記憶がある。

生母との再会

昭和三十三年、千葉に来て下宿を代わる話の出た頃である。ＮＨＫのクイズ番組「即興劇場」に応募し、二、三カ月経って忘れた頃になって、録音リハーサルをやるので出席乞う、との葉書が届いた。

全国放送の番組で、録音は五名のゲストで実施されたが、放送は三十分で三名しかされず、私は三名の中に入ったのである。

全国のあちこちから君の声を聞いたとの便りが届き、マスコミの影響の大きいことに驚いた。さらに年末が近づいて、今度はＮＨＫから、「今年『即興劇場』に出演された方の中から、貴殿には改めて『年忘れ大会』をやるので、もう一度録音にお越し乞う」との手紙がきたのである。今度の録音も五名が出場し、本番放送は三名のみであった。またもや三名の中に入って放送された。

第一回目は「リンカーン」の幼少時代で、二回目は、フランスの「ドゴール将軍」の役をやらされて、出演料を貰ったのである。

二回目の放送があって、二カ月くらいした頃に、突然、見知らぬ筆跡で手紙が届いた。差出人の名前と文面で、直感的に生母だと思った。

何と岐阜県の山奥の、岩村という所からだったが、放送された私の声が死んだ親父の声そっくりだった由で、ちょうど親父の死んだ年齢と同じくらいの時だったのである。

このことが機会となって、二十五年ぶりで、生母と再会することとなった。もちろん、武部にいる母や、親類には全然知らせなかったが、生母は奈良の叔父に便りをして訪れたようであり、後日あちこちより、生母健在の知らせを逆に聞かされた。

私が恵那郡岩村町の松浦家を訪れて生母と対面することが岩村で評判となり、マスコミ各紙の記者が、私が訪れる前日に取材で尋ねてきたが、生母は厳しく断ったとのことである。これは当然、武部の養母に対する配慮として、私も応ずる気持ちはなかった。

生母は二十五年間の空白を埋めようとして、積極的に私に働きかけてきた。私は当時独身で、潔子と知り合う前だったので、生母は私の嫁さんを世話しようと夢中になってきた。もちろん、郷里の母も事あるごとに縁談を持ち出しており、私の周辺は何かとあわただしかった。

何となく仏の引き合わせのようなもので生母の健在が分かり、反面で、それ以上のものは神の摂理で接近できない状況に置かれたのは、今から考えても不思議である。

潔子と結婚してからも時折会うこともあったし、母方の親類とは全く音信不通であったが、生母の兄弟や実家の広島県福山市のことなど、今まで考えたこともなかったことが降って涌いたように知らされたのである。

一番驚いたことは、私の父が二十八歳で死んだことも知らず、西淀川の家を出てから旧満州から中国の天津に住み、再婚してかなり裕福な生活をしていたようだ。生んだ子は、私一人だけだが、二度も再婚しているのに、すべて旦那が死んで独り暮らしばかりの異常なくらいの夫婦運のない人であったと思う。

私は戦争の犠牲か、病弱でとっくにこの世にいないと思い込んでいたようである。自分勝手な勝気な人で、若い時は気の向くままに、広い世界で夢中に生きてきたのだろうが、私の運命と共に波乱万丈に富んだ人生を歩いた人だったのだろう。

潔子との出会い

昭和三十四年の夏、新築のアパートに越して半年くらい経った頃、家主の家に年頃の娘がいることが分かったが、彼女は東京の三越デパートに勤務しており、休日が月曜日であること、毎日朝早く、

結婚直前の潔子

夜も暗くなってから帰宅するので、会う機会はほとんどなかった。

夏期休暇で、月曜日に部屋でのんびりしていると、潔子が外から窓越しに声をかけてきた。

「今日はお休みですか？」

「うん、夏休みで今日から三日間連休ですよ」

アルプス登山のスナップを見たり、レコードを聞いたりして、結構楽しく話し合ったように記憶している。この事があってから、その後数回、映画を見たり、話し合ったり、休日にスクーターで東金の近くまでドライブに出かけたりした。これらの事を手紙に書いて郷里の母に知らせたところ、十月のある日に、突然母が上京したのである。

全くの予告無しの突然の出来事で、当日は早朝から夜まで母に振り回されたのであった。私は会社の旅行で、前日から熱海の健保保養所に出かけていたので、母が一人で千葉の橋本家に明日朝到

着するとの連絡が入りビックリしたのである。午後十時頃に熱海の明治荘に電話が入り、

「どんな用件か知りませんが、田舎のお母さんが明日の朝八時に上野駅に着かれるそうですがどうしますか？」

翌日も予定があったが、それを断って朝一番の列車で東京に向かった。上野駅のホームに迎えに行くと、潔子が来ていたので、母はデッキから降りてくるなり、

「アナタさん、うちの息子のお嫁さんになってくれますか？」

初対面で、いきなりこう出られては、返事に困るのは当然である。潔子はただニコニコするのが精一杯であった。

とにかく母は、口八丁、手八丁の人物で、女にしておくのがもったいないくらいの実行力があったけど、何分田舎者の出しゃばりで、強引な押しの一手で孤軍奮闘であった。橋本の家でも大騒ぎとなり、この日は全くテンヤワンヤのめでたい記念日となってしまったのである。

上野駅から真っ直ぐに千葉の橋本家に来て、玄関に入るといきなり、

「私はお宅さんの娘さんを、うちの息子の嫁さんに貰いにきました」

「遠くから夜行列車で来られて、お疲れでしょう。そのお話は部屋に上がられてからでも良いでしょう」

すると何と母は、懐から包みを出して、

「これは結納金ですから、お納めください」

「私共には、別に異存はありませんが、そのような事は誰かにお願いして、運びましょう」

いくら何でも、犬の子を貰うわけでもあるまいに、私は恥ずかしくて母の袖を引っ張り続けたのである。一息継いでから母はまた言い始めた。

「今日はお天気がよいから、結納だけでもどうでしょう？」

「仲人さんは、どなたにしますか」

いろいろと好意的な雰囲気で話し合った結果、岩井パン店のおばさんに仲人を頼み、午後にでも結納の儀をやることとなった。

早速潔子と二人で、大和橋の和田紙店に結納の色紙を買いに出かけたのである。結納が終わって、祝宴をしていて結婚式の日取りの話になり、

「今年は皇太子のご成婚の年だから、年内にやったほうが良いだろう」

とにかく相性とか、縁起の良い日とかの話は、すべて後からついてくる形で事が運ばれたのである。この年の十二月十三日（日）に、神宮外苑の明治記念館で挙式した。大学時代の親友、吉田運司君が先に結婚しており、彼の礼服を借用して盛典に臨んだのである。

ハネムーン

結婚式終了後、明治記念館からハイヤーで東京駅に向かい、生沼氏や吉田君、義弟の馨君等数名の

見送りを受けて、当時の新婚旅行の定番である熱海温泉に向かった。東海道線は当時全線電化しておらず、のんびりとした旅であった。

第一日は、会社の健保保養所の明治荘に一泊したが、管理人の磯貝さんは、鯛の尾頭つきの特別料理で歓迎してくださった。

二日目は、沼津まで各駅停車で行き、沼津から特急列車「つばめ号」に乗って名古屋で下車した。この特急は浜松から蒸気機関車が牽いていた頃である。

この年は九月に伊勢湾台風があり、名古屋地区は鉄道が全滅の被害で、ようやく複旧した近鉄の新型特急ビスタカーに乗り換えて伊勢に到着した。当時としては素晴らしく立派な車両で、従来の狭軌レールから広軌に切り換えた画期的な鉄道であった。

伊勢神宮に参拝して二見ケ浦から参宮線で鳥羽に出て近鉄志摩線に乗り換え、志摩磯部という駅で降り、そこから小さな船に揺られて的矢という漁村の親戚を訪ねたのである。潔子はどこに向かっているのかさっぱり分からなかっただろうが、それでも楽しそうについてきた。

三日目は的矢の辻村伯母に見送られて波止場を出発した。その頃のスナップを見ると、潔子が傘をさしているから師走の冷たい雨が降っていたのだと思われる。

再び近鉄宇治山田よりビスタカーに乗って、大阪の上六に到着、タクシーで大阪城に出かけた。まるで修学旅行のように、珍しい所を急ぎ足で回り続けたが、二人とも元気に歩いた。

阪急電車で梅田から神戸に行き、幼い頃の友人の槙さんの勤めている旅行社で、今夜と明日の宿の手配をしてもらい、夕刻に神戸桟橋より淡路島の洲本に向かった。三日目は、ずいぶん欲張ってあちこちと回り、洲本の四州園ホテルに着いた時は、午後八時過ぎとなっていた。

四日目、早く起きて電車に乗って福良に行く。早く行かないと鳴門海峡の渦が観られないので、やむを得ずホテルを早立ちする。今考えると、つくづくあの頃は若くて元気だったと思う。鳴門の大渦は三月頃が最も大きいと聞いたが、十二月でも結構大きな渦を観ることができた。師走の半ばなので客も少なく、船の上をあちこちに走りながら充分に渦を観ることができた。

午後、再び洲本に戻り、神戸からタクシーで有馬温泉に向かう。途中蓬莱山の景観を背景にスナップ写真を撮り、夕刻に角の坊旅館に到着した。ここの温泉は上州の伊香保温泉に似て、タオルが茶色になる泥湯であったが、その後訪れた時は沸かし湯泉で普通の湯と同じだった。

五日目、ハネムーンも今日で終わりだが、当時としては、ずいぶん派手に動いたと思う。角の坊をタクシーで九時過ぎに出発、伊丹の大阪空港に行く。もちろんジェット機のない頃で、プロペラ機も三十人分くらいしか座席がなくて、私たちの座席の背には、紅白の鶴の縁どり紙でHoneymoon　seat「宮田様」と書いたカードが置いてあった。

夕方千葉の橋本宅に帰ると母が帰郷せずに待っていた。潔子と母は仲の良い嫁と姑であったと思う。二人がいがみあったのを見たこともないし、いつも母は潔子のことを褒めていたし、田舎に一人でいる時の多い生活だったが、近所の人に嫁を自慢していたようだ。

母は晩年、脳溢血で倒れ、痴呆症になり夜中に徘徊するようになった。看病が大変だったが妻はよく面倒を見てくれたと感謝している。老人ホームへの送り迎えも毎日自動車で、弁当も持たせていた。母が感心していたが、本当によく働く女房だったと思う。私の単身赴任が、十年と長かっただけに、ずいぶん苦労をかけたと考えている。

福井出張所勤務

昭和三十五年十一月、潔子が妊娠七カ月の時、千葉から福井に転勤となり、北陸に引っ越した。母も七十歳を過ぎており、かねてより会社に郷里に近い所へ勤務変えを希望していたので、母は大喜びだった。潔子は生まれて初めて千葉から遠く離れるので、いろいろと大変だった。しかも、出産間際の大事な時で、雪の多い土地への赴任は何かと苦労の多いことであったと思う。

福井出張所の森所長は、会社では数少ない七尾中学の先輩であったが、年齢が離れているせいか、あまり親近感は持てなかった。会社の組織も薬品と菓子に分かれてきたこともあり、仕事の面でも交流が薄れてきた。代わりに金沢の薬品事務所が発足し、私は福井駐在となり、名古屋支店に出かけることが多くなってきた。

昭和三十六年の春、待望の長男、嘉彦が生まれた。母も時折孫の顔を見に福井に出かけてきたし、私も休日になると三人で武部に帰って母に孝行ができたと思っている。連休や盆暮れの休みの時は、母と四人で温泉や行楽地に出かけたものである。

嘉彦は満一歳の時、福井保健所主催の赤ちゃんコンクールで、男の子の部門で一位となるほど丸々と太って健康そうであった。潔子も大変誇りに感じていたものだ。

昭和三十九年八月、残暑の厳しい日曜日に、雅子は予定日を十日くらい過ぎて誕生した。千葉の母が出産の手伝いに来ていたが、ちょうどその時は嘉彦と三人で武部の郷里に出かけていたのである。早朝福井より電話連絡があり、

「今朝早くに奥様が産気づかれて、入院されましたよ」

早速食事もとらずに急いで福井に帰り、嘉彦を出産した巨椋産婦人科病院に行くと、雅子はもう生まれていた。潔子も元気そうで、女の子で良かったと言って喜んでいた。後で医師の説明で、後産が不調でかなり苦労した云々と聞き、潔子が一人で孤軍奮闘したと思うと可愛そうに思ったが、意外と元気そうなので安心していた。しかし、結局この事がずっと後を引き、厳しい展開となったのである。

雅子が生まれて間もなく、世紀の祭典である「東京オリンピック」が開幕した。同時に東海道新幹線の「こだま」と「ひかり」が東京―大阪間で開通、ようやく第二次世界大戦から開放されて、新生日本の出発のいぶきが感じられた。こんなにたくさんの外国人が一度に日本にやって来たことはもちろん初めてで、平和の幸せをつくづく感ずる大イベントであった。

この状況をNHKがカラー放送で報道を始めたが、一般家庭ではほとんど受像機も無く、福井市の足羽山々頂にあるNHKの中継局まで見に行ったものである。たくさんの見物人が局の外から眺めていたが、我が家の四人は社宅の向かいがNHK職員寮で、潔子が日頃より親しくしていた関係で、中

継局の中に入ってゆったりと椅子にかけて競技を観戦できた。特に閉会式のパレードは夕刻より山に登り、席を前にとって花火見物の気分でカラーTVの画像に釘づけとなった。

私は第二次大戦の悲惨な状況を中学二年の末期に東京の地下鉄で体験し、そしてこのオリンピックの放送を見て、平和の有り難味というか尊さをつくづく感じた。ちょうどこの頃に新聞で、グアム島の生き残り日本兵の探索のおり、旧日本兵の川島さんの遺書が発見されて報道された。

「…玉砕して、その事によって祖国の同胞が少しでも生を楽しむことが出来、母国の国威が少しでも強く輝くことを祈るのみ。遠い祖国の若き男よ、強くたくましく朗らかであれ、なつかしい遠い祖国の若き女達よ、清く美しく健康であれ」

読売新聞の論評に、石原慎太郎氏が、

「故国の存亡を背に負うたという自覚で、あの密林に果て、いった遺書の主が、二十年という長くて短い将来に、祖国の首都東京に、このような祭典を、日本人が、その自身の手で催すということを夢にも思いえたであろうか」

と述べているが、全く私もこの遺書を読み、「戦争と平和」の偉大な遺産を自分の世代にこんなに幸せな形で享受できることを神に感謝すべきであると感じた。

雅子の誕生は、そんな大きな節目にあやかっているような気持ちとなり、未来はオリンピックの日本代表にでもなってほしいと念じつつ、出生の挨拶状を印刷して発送したのである。子供は二人とも福井市で生まれ、私の転勤の犠牲で、幼稚園から小学校、中学、高校まで転校をさせられて、大人となったのである。

ゴルフ雑感

昭和三十七年、時々薬品金沢事務所へ出かけるようになった。昼休みや帰宅時間になると、当時、北國新聞社の屋上にゴルフの練習場があり、先輩に連れられて出かけるようになった。最初はクラブを振り回してもなかなか球に当たらず、空振りばかりで、たまに当たっても全然的には当たらず、そのうちに手に豆ができて痛くなった。諦めてしばらく止めていたが、ある日新聞に、東京の有名なプロがデパートで一日初心者向けのレッスンをやると出ていたので、二、三人の仲間と昼休みに行ってみたのである。

「どなたか教えてほしい人はいませんか?」

「このレッスンは無料かね?」

「どうぞ、どなたでも結構ですよ」

「あんたハンデはどれくらいになりたいかね?」

私は思い切って、

「そうですね、25くらいになれれば良いと思いますが…」

「それじゃ七番アイアンを持ちなさい」

こんなやりとりの上、七番アイアンをグリップからスイング、スタンス、アドレスと種々教わり、最後には、

「目を閉じて打ちなさい」

何とこのプロが、青木功プロの師匠である林由朗氏であったのだ。当日の夕刊に、「林プロ熱心に指導」と大きな見出しで、私が指導を受けている写真が出ていたのである。これで俄然やる気を出し、再び練習を始めて六カ月も経った頃、福井市の医師会のゴルフコンペに随行で参加することとなった。

福井から列車で名古屋に行き、一泊してのゴルフツアーで「森林公園ゴルフ場」が初ラウンドであった。このコースは県営のパブリックコースだが、三十六ホールもある名門コースで、過去にゲイリー・プレイヤーやアーノルド・パーマー、ジャック・ニクラウスもプレーしたことのある有名なチャンピオンコースでもあった。

このコンペで、何と東コースのOUTのミドルコースで、七〇ヤードくらいの私のアプローチがチップインしてしまったのである。私はこれをホール・イン・ワンと思って、皆に言うと、それは「ノーズロ」だよとのこと。とにかく初出場で同伴者にスコアを教えてもらって、グロス143の結果であった。

帰りの車中で話題となり、

「ゴルフは面白いだろう?」

「使ってない会員権があるけど、君に安く売ってやろうか?」

このような会話があって数日後、潔子と相談して「敦賀国際ゴルフ倶楽部」の会員となった。

当時はコースに行くと、キャディは一バックで、一人ずつついて、クラブコンペに入賞すると翌日の新聞のスポーツ欄にスコアと名前が掲載されており、仕事で行った先で話題となったものである。

もちろん練習にも熱が入り、理論と実践両面にわたって、かなり夢中であった。当時ベストセラーになっていた、陳清波と中村寅吉の「ゴルフの上達法」や「スイングの理論」は何度も読み、イラストや分解写真を参考にしてクラブの素振りをした。潔子に分解写真を見てもらって、私のスイングの異なっている点を指摘してもらい、毎日朝晩素振りをした。

家の中では畳の上に毛布を敷いてパットの練習、座布団の上にボールを置いて、押入れに向かってアプローチショットと、一カ月も続けていると手のひらの豆がつぶれて血豆となり、さらにタコができる頃には胸や背中が痛くなり、夜寝ると寝汗をたくさんかくようになった。心配になって、医者でレントゲンを撮ったり、血圧を測定したり、種々検査をしてもらった結果、

「君は、今までにやりつけないことを急に激しくやったからで、ゴルフを止めるか、もっと続けてやれば、いずれ治るでしょう」

との診断であった。結局続けて練習をやることにしたのである。全く気が違ったようにゴルフの虜になってしまった。

社宅の前に競輪場があり、競輪をしてないときは市営のゴルフ練習場となる。老夫婦二人で管理していたが、夕方に行って練習を始め、日没になるとボールの回収作業が始まり、私も一緒になってウ

エッジでボール拾いを手伝った。ここには一週間に三、四回行った。もちろん土曜の午後や日曜日は、朝からここで練習に励んだものだ。暖かくなった頃、管理人のおばさんに、

「ここの練習場で、毎年猛烈に練習する人が一人か二人いるが、今年はあんたが熱心だから上手になるよ」

「ゴルフは難しいですね、どうしたらうまくなれるか教えてくれるところを知りませんか？」

「あんたも直ぐに上手になって、そのうちこんな所には来なくなるよ」

ここの老夫婦は、誰もいない時は練習ボールを無料で貸してくれたので、経済的にもずいぶん助かった。私も会社のチョコレートやビスケットを時々持参してサービスした。

猛練習の甲斐あって、数カ月経つとめきめきと上達してきた。当時の公認ハンデは、36からであったが、カードを提出してすぐに30の通知が届いた。二カ月後のクラブコンペで優勝して24に更新した。今でも大切にカップケースに「優勝浜坂杯'65」と明記されたカップがにぶい光を放っている。

福井での暮らしは五年間で、私の会社生活の中で最も長く、当時県立病院の小児科部長で、退職後も医療関係の仕事に励んでおられる山本勇志先生、八十歳を越えてますます元気にお過ごしの隣のおばあちゃんの前田はなさんなど、いまだに親類以上の懐かしい交流をもっている人が少なくない。今から考えると、私の人生で最も充実していた頃だったと思う。

名古屋営業所勤務

昭和四十年七月、金沢事務所時代の上司が名古屋に赴任され、強く要請されて名古屋に転勤することとなった。私自身もまた生木を裂くような思いで転勤をしたし、潔子もすっかり福井の近所の人たちと親しくしていたので、皆駅まで見送りに来て、泣きながら別れを惜しんだ。

名古屋での生活は通算すると八年になるが、仕事は最初の二年と二度目の四年で、通算六年となる。入社して初の大都会での仕事であり、特に取引先が日本でもトップクラスであり、対応が今までの地方の規模をはるかに超えた大きな仕事をやるような、気持ちに張りを感ずるようになってきたのである。

当時、千種駅の前にあったS薬品と、会社の近くにあったK商店が私の担当であったが、どちらの社長にも大変お世話になった。特に両氏ともゴルフが好きで、数え切れないくらいに、全国の有名なコースに出かけたものである。またS薬品のY社長はカーマニアで、ポンテアックのハードトップやベンツの大型車を自分で運転し、よくゴルフに出かけたものである。東名高速道の無い頃に、名古屋から国道一号線を走って伊豆の川奈ゴルフ場まで一人で運転して載せてもらったこともある。

朝お店に伺うと、急に、

「君、今日は天気が良いから二人でコースに行かないかね」

「どこのコースですか？」

「一泊でゆっくりとプレーしたいね」

「会社に連絡してきますよ」

何と　社長のホームコースは三重県の志摩半島の賢島であるという。天皇陛下の泊まる賢島観光ホテルに泊まって、翌日志摩ＣＣで一ラウンドハーフのプレーをして名古屋の社宅にまで送ってもらったこともある。

このほかに医師会のゴルフ熱が盛んになり、勤務医、開業医を問わず、休日はほとんどコンペや親睦会等でお付き合いすることが多くなった。そして特売と称して、薬をたくさん買ってもらい、ゴルフに一泊招待するというようなことを、ほとんどのメーカーが実施していた。競争は激しかったが、当時は作れば売れる時代で、会社の業績も順調に伸張し増大していった。

楽しい仕事というか、芸は身を助けるのか、私はゴルフに夢中になって上達したお陰で、あちこちのゴルフの上手なドクターから挑戦を受けたり、お招きに預かったものだ。

名古屋では守山区に住んだので、初舞台の森林公園ゴルフ場の公認ハンデを取得、コンペに参加する度にハンデを更新し、13になっていた。

武部の母とはかなり遠くなり、福井にいた時のように毎月帰ることは困難で、連休か盆暮れにしか帰れなくなってしまった。現在のように高速道も無い頃で、夏は大渋滞になるし、冬は県境の峠道は雪が多く、全く困難な遠い道のりであったが、老いた母が一人で首を長くして待っていると思うと、夢中になってハンドルを握ったものである。

名古屋で順調に仕事に精を出していた頃、ちょうど二年経った時、岐阜に新設された営業所の初代の所長に行ってほしいと上司に言われて転勤となり、岐阜市に引っ越すことになった。

岐阜営業所勤務

昭和四十二年十月、新営業所開設の初代所長に任命されて、守山区大森の社宅から、岐阜市鷺山の新築の社宅に引っ越した。入社して十四年、結婚して八年で、三十五歳の時だった。嘉彦は六歳、雅子三歳で、転校の手間がまだかからぬ頃で、引っ越しも簡単にできた。

嘉彦は名古屋で当時有名な幼稚園に通っており、岐阜に来て、郊外のかぐや幼稚園に転入した。ところが、ある雨の降る日に、いつものように元気に出かけて行ったが、帰宅途中に皆に変わったカバンを持っているとひやかされ、しまいには三四人からいじめられて傘をこわされ、泥だらけになって泣いて帰ってきた。会社から帰ってこの話を聞いた私は、腹が立つやら、悔しいやらで、よほど翌日幼稚園に出かけて文句を言ってやろうかと思った。

一個建ての社宅だったので、子供が犬を欲しがり、柴犬の直系のオスの子犬を貰った。一年くらいすると家主が「動物を飼うのは困る」と言い出したので、出入りの大工に潔子がある日突然やってしまった。この「ボビー」と名付けた柴犬は大変おとなしくて、私に一番なついていたので、当座は非常に寂しい思いにかられたものである。何処に出かける時も、連れて行ったので、家族みんなに親しまれていたし、今でもどうしているか思い出すことがある。

岐阜に四年半住んで、公私共に良い思い出がたくさんできた。

今でも親戚以上に親しく交流のある、クリーニング店の大橋さん夫妻に、川島さん、医師で大学教授の平林先生夫妻、操健康クリニックの操忠院長先生（操先生にはよくゴルフに誘っていただいたものだ）。K薬品の当時のS専務（よく麻雀をやった）にはゴルフの会員権を安くゆずっていただいたし、二人でゴルフにも出かけた。

岐阜に来て三年めに、郊外の北方町に三万坪の薬品の岐阜工場建設工事が始まり、営業の仕事に工場関係の業務が加わり、大変忙しくなってきた。特に全国から工事視察の名目で、社の内外から鵜飼い観光に柳ケ瀬の歓楽街案内と、夜昼なく連絡がありバタバタしていたものだ。

EXPO'70と淡水ゴルフの旅

昭和四十五年三月、大阪の千里ケ丘で万国博覧会が開幕した。東京オリンピックがあって六年目に、再び世界中の人が集まって大変賑やかなお祭りであった。特にアジアの各地からもたくさんの観光客が訪れて、オリンピック以上に私にとって身近なイベントであった。岐阜大学医学部のドクターや病院の先生、家族等と一緒に期間中に十回くらい出かけた。

何度も出かけているうちに、台湾パビリオンで親しくなった観光協会の幹部に、当時朝日新聞の嘱託でロータリアンの「雷　寿水」という人物を紹介された。

「宮田さん、是非一度台湾に来ませんか？」

「私は日本から一度も、出たことがないんですよ」

「大丈夫ですよ、台湾は治安は良いし、観光地もたくさんあります」

「私はゴルフが好きで、台湾の名門コースの淡水ゴルフ場でプレーしたいですね」

「淡水のメンバーを紹介しますよ」

このような会話の数日後、台湾から手紙が岐阜の家に届き、この年の十一月上旬、当時三重営業所長をしていた同僚の神澤君と二人で、沖縄経由で台北市郊外の淡水ゴルフ場に出かけた。

当時の米ドルのレートは一ドル三百六十円で、沖縄は外国であり、初めての海外ツアーを経験して、時差の感覚や、ジェット機の旅の素晴らしさを実感したものである。帰国して数カ月、台湾から会社の私宛に、「宮田武彦所長閣下」と宛名書きの観光ニュースが送られてきたが、もちろん中国語の漢字で書いてあり、この時に生まれて初の国際人としての種々の体験をしたものだ。

名古屋支店営業課勤務

岐阜に来て四年半、公私共に充実した頃であったと思うが、名古屋の支店長が三人目のW氏に交代

して、

「宮田君、岐阜で何年になるかね？」

「まだ四年ですよ」

「もう四年になるかね」

こんな会話があって数日後、名古屋支店の所長会議で支店に行くと、支店長に呼ばれて、

「明治商事と明治製菓が合併するので、君に新会社の営業課長をやってほしい…」

それまでの移動には必ず事前に相談があったのに、今回は全く突然の内命であり、家庭の配慮とか個人の事情は無視された形で伝達されたのである。しかも会議終了後に、T部長と支店長の同席で寿司屋に連れていかれ、部長から、

「全国で最年少の課長だからしっかりやってもらいたい…」

私はおだてられているのか、馬鹿にされているのか半々の気持ちで聞いていたが、返事をせずにいると、

「おい、どうなんだ、何を考えているのだ」

「正直言って、あまり嬉しくないですし、こんな話を寿司屋でされるような程度のことかと思います」

「おまえ嬉しくないのか…」

「会社が合併する重要な時に、人事の話題をこんな所で酒の刺身にされるような会社の姿勢に疑問を感じます」

「君の発言は労働組合の団体交渉のようだな」

「少なくとも今の私は、会社の未来に大きな期待を持っていますし、もっと真面目な雰囲気で、このような話題を持ち出してほしいですね」

「分かった、君の言うとおりだ。この話は会社でするよ。まあ今夜は君の前途を期待して乾杯だ」

私は接待に、酒のからむ席はあまり好まないので、このような席は常に避けていたものだ。これで損をしたこともあるが、健康上は良かったと考えている。

酒で人生を粗末にした先輩のMさん、意志が弱くて酒びたりになって会社を辞めたE君、酒が強くて個性も強く、飲むと前後の見境がなくなりトラブルばかり起こして男を下げていたS君。酒のいやな面ばかりで種々苦労をしたので、必然的にこのようになってしまったのかもしれない。

このようなことがあって、再び名古屋の守山区に引っ越してきた。嘉彦が小学校四年、雅子が一年生で、転校もスムースにできた。

嘉彦は岐阜で水泳の強化選手に選ばれ、連日プールに通っていたのに、中断して転校したのは残念だったが、守山区の小学校で水泳大会があり、見事に一着となり、一躍クラスの人気者になっていた。

雅子は大変明るい性格で、新しいクラスの担任の先生にも直ぐになつき、クラスメートもできて元気に通学していた。

私の仕事は四年前とは全く異なり、担当先も日本一の商社S商店であり、お互いに営業の業績が、日を追う毎に伸張していた頃である。ほとんど毎朝、家からS商店の本社に出社し、七階の社長室に行き、社長に朝のご挨拶をしてから二階の名古屋営業部に行くのが日課であった。そして、午前中はS商店の本社ビルや市内の営業所、時には郡部の半田、豊橋、一宮にも出かけた。会社に出るのは午後か夕方で、夕刻になるとS商店の幹部のS部長、K課長（病院課）、Y課長、S課長（開診課）らから、飲食や麻雀のお誘いがかかり、連日夜遅くまでお付き合いをしていたものである。

休日はゴルフに誘ったり、誘われたりで、時には一泊で出かけたり、バブルの崩壊後の現状では考えられないリッチな接待であったと思う。ドクターからのお誘いも多く、ゴールデン・ウイークや年末年始の連休には、当時としては珍しい海外ツアーにもよく出かけた。

S商店の社長からは時折、瑞穂区の自宅にも伺って、人生の先輩としての教訓をいただいた。長男のS氏とは、専務時代、また社長になってからも春日井カントリーで一緒にプレーしたこともあったが、その後間もなく病魔に倒れ、次男のK氏が社長に就任されたが、このK氏は柔道何段か知らないが立派な体格をされていた。このK氏とも美濃白鳥の山荘で飲んだり、スナックでウイスキーのがぶ飲みをしてからボーリングを四十ゲームこなしたり、と無茶をやったことがある。結局K氏も早くに他界されたのは実に残念でたまらない。

そして先を争うようにして、初代社長のK氏も他界された。後任の社長B氏とも、数回飲食の機会を持ったが私が転勤したので、その後ずっとお会いしていない。しかし今も年賀状をいただいている。

初のハワイ旅行

昭和四十七年五月、タバコを止めて五年近くになり、タバコ貯金が四十万円ほど貯まったので、五月のゴールデン・ウイークを利用して松坂屋のツアーに加わり、ハワイに出かけた。

当時はゴールデン・ウイークでも、現在のようにべらぼうに高くない時であり、ゴルフツアーという企画なので、名門コースでのリッチなプレーを期待して申し込んだのであるが、実際は単なる観光ツアーで、ハワイに到着してからはほとんど単独行動でゴルフをすることとなった。

マウイ島やハワイ島のリゾートホテルでは、マナーも言葉もさっぱり通じない状況で、まるで乞食のような扱いを受け、失敗の連続だった。ロイヤル・カアナパリゴルフコースで、ハーフを終わってハウスの食堂で昼食を済ませ、インコースのティーに向かおうとしたら、高見山のように大きな女が目玉を剥いて私の前に立ち、ブツブツと文句を言ってる様子である。無視してそのまま出かけようとしたら、大声を出して怒り出した。近くにいた日本人らしい人が、

「貴方はチップを置かずに立ったのでしょう」

と言われたので、ようやく気づいた。

「アイム・ソーリー」

と食事代の二十パーセントくらいのチップを渡すと、彼女はにっこりと笑って、

「どういたしまして」

と日本語で返事が返ってきたのである。

マウナケアビーチでディナーの予約をして食堂に出かけると、入り口でテーブルに座ることを拒否されてしまった。説明される英語が分からずに立っていると、腕を引かれてクロークのような所へ連れて行かれ、身振り手振りの話で、上着・ネクタイの無い人はルームサービスで食事をとるか、ここでサイズの合うスーツとネクタイを借りてほしいとのことである。

周囲を見るとほとんど白人の夫婦連れで、年配の人ばかり、どう見てもゆったりと長期滞在の客である。このホテルは昭和天皇が訪米の折、帰国の時に時差調整のために滞在された名門のホテルである。アメリカのロックフェラー財団が、世界のリゾート開発の一環としてこの地に建設した長期滞在型のホテルなのだ。私はそんなこととは知らず、短パンにTシャツのスタイルで、しかもサンダル履きの田舎者丸出しの乞食スタイルだから、本来ならばつまみ出されてもよいくらいの客である。

ゴルフコースも世界のベスト百に入るチャンピオンコースで、当時テレビ番組のシェル・ワールドゴルフのトーナメントを開催していたのを見たことがある。ジャック・ニクラウスやアーノルド・パーマー等がチャレンジしていた三番の海越えのショートホールは、日本の伊豆川奈ホテルにあるようなグッドバイコースやSOSのようなちゃちなものでなく、フォローウインドとアゲインストの時ではクラブ選択が全く異なり、ピッチングからスプーンまで要求されるそうだ。

当日は風の無い穏やかな日和だったので、レギュラーティーで百五十ヤードを七番でワンオンに成功した。ちなみにスコアはＯＵＴ45にＩＮ47の92であった。

ハワイ島では、コナ地区のコナサーフにも一泊し、コナ・カントリーでもプレーしたが、ややトリッキーなアップダウンコースでロストボールを三個も出し、何とグロス98であった。

このツアーでは、オアフ島でマカハリゾートでプレーして95、マウイ島のカアナパリで89だったが、当時の公認ＨＣＰが13だったので、不満足な結果だったと思う。とにかく、もう一度妻を連れてこの地を訪れようと思ったし、ハワイはハネムーンか同伴で訪れないと意義が無いと感じたものだ。この事があってから海外旅行は潔子と二人で出かけるようになったのである。

挨拶くらいの語学と、搭乗券の手配から確認、ホテルの予約とデポジットの振り込み等、面倒なこともあるが、出発前の支度は旅の一部として大変楽しいものである。旅行社でディスカウントの交渉や、航空会社のカウンターでダンピングのチケットを求めてずうずうしくねばる芸当も、スリルがあって経済的である。

当時の米ドルのレートは一ドル三百円前後で、今のようにパッケージ旅行の盛んな頃でなく、ハワイでもホノルルを除けば、マウイ・ハワイのリゾートは日本人の滞在は数人で、アメリカ本土やカナダの滞在型の観光客が圧倒的に多く、日本語の分かる人が少なくて外国にいる感じが強かったものだ。

食事のオーダーが難しく、なかなか好みの料理にありつけず、近くのテーブルの旨そうなものを見て、「ザッツ・セイムプリーズ」を連発していたことが恥ずかしく思い出されるのである。

第三章　バブル全盛期から衰退へ

明治商事と明治製菓の合併

昭和四十七年四月に、新生「明治製菓」が発足して旧明治商事の仲間は製菓と明治乳業に分かれ、私の所属の明治製菓も組織が全国的に変更され、対外的には形は整ったように見えたが、自分の気持ちとしてはスッキリしないし、営業課長が四人もいて、私は営業第一課長となったが、岐阜から名古屋に赴任した時の危惧が現実になってきたと強く感じたのである。

第一回の支店の管理職会議には中川社長も出席し、新会社に期待することを述べよと言われ、トップバッターの指名である。

「私は最も大切なことは人の和であり、合併によって多くなった人数の数倍もの成果を発揮してこそ、合併の効果が高く評価されると思いますし、生産と営業の部門が合併し、円滑に機能を発揮するには、組織上部の方の公平な人事運営が最重点課題であると信じます」

社長もうなずいていたし、二番、三番目の管理者も異口同音にこのことを主張した。労働組合とも調整中であった組合員の範囲が、生産部門と営業部門とでは全く異なっており、生産部門は全員非組合員、営業部門は組合員と非組合員がおり、この調整が未解決のまま合併したので、会社組織の面で大変難しい状況に置かれたのである。

もちろん給与体系も全く異なっており、この面でも一体化するのに数年の時間がかかったのである。

私が入社した当時、給料は明商が上だったが、十年くらい前に逆転し、合併の頃は明菓が上になっていたし、手当て等も条件がかなり異なっていたので、これらの面での調整には労使共に議論が沸騰していたのである。

得意先に行って合併の話が出ると、決まったように、「あの方は旧製菓ですか？　商事の方ですか？」と言われたものである。社内でも、人事異動があると「今度の課長は菓ですか？　商ですか？」である。私は馬鹿らしいので確かめもせず、いい加減に返事をしていたものだった。

第一銀行と日本勧業銀行が合併した時、合併のメリットは十年くらいかけないと現れないと言われていたことを改めて思い出していた。銀行でさえ十年かかるのなら、当社は二十年かかるだろうと考えた。元々一緒だった明治の生産部門と販売部門が別会社になり、元の会社に戻るのであるが、銀行と異なり、製販合体と一口に言っても、仕事の内容が全く異なるので、全社一体となることは、口で言うほど簡単なことではないと思う。

この頃から会社の業績も、売り上げは菓子が八割、薬品が二割で、利益は薬品が八割に菓子が二割と、全く歪な形の企業体であった。口の悪い人には「明治さんは薬九層倍の儲けですね」と言われていたものだ。もっとくだけた人は「明治のアメチョコ屋さんの薬は儲かりますか？」と。

とにかく薬品部門の私にとって、会社の屋台を背負っているという自覚と誇りを強く感じていたものである。

潔子とハワイの旅

昭和四十九年五月、入社して二十年、結婚して十五年の節目を記念して二人きりで羽田空港を出発した。潔子は生まれて初めての海外旅行であり、もちろん国内旅行にしても、こんなに長く家を留守にするのは結婚以来初めてであった。子供は二人とも小学生だったので、会社の岡部君夫妻が近所に住んでいたので留守番を頼んだ。

この年は私にとって男の厄年四十二歳であり、昔は親と死別したり、大病を患ったり、事業に失敗するとか、不吉なことを避ける節目として厄払いの祈願をしたものだが、最近は大きな行事をして厄除けにするとの考え方もあるのだ。従って私は守山で家を持ち、初めてマイカーを購入し、夫婦で海外旅行に出かける等、サラリーマンとしては最高のレベルで、人生の大きな節目を通過したこととなる。

ホノルルに到着し、ワイキキのショッピングでムウムウを買った。ムウムウは女性のフォーマルウエアであり、格式の高い場所でもこれでじゅうぶんである。潔子はこのムウムウがよほど気に入ったらしく、次の旅行でもカナダ北米と持ち歩いていた。もちろんこの夜のシアターレストランのディナーショーには、早速着用して出かけた。

翌日、ホノルルの市内観光でパンチボールの丘に登り、ヌアヌパリの峠で強風に吹かれつつ時差ボ

結婚15年を記念して潔子と行った初めてのハワイ旅行

ケを解消した。午後からゴルフバッグ持参で、ホノルル空港のロイヤルハワイアン・エアサービスのカウンターに行く。

コミューターラインの双発セスナ機の乗客は十人くらいだが、見回すと日本人は私たち二人だけである。快晴のワイキキ浜辺を眼下に飛行を続け、十五分ほどでモロカイ島に着陸、二、三人降りて五人ほど乗ってきたが、五人ともハワイ人らしい家族連れである。ちょうど田舎の乗合バスの感覚で、この島の人たちはセスナ機を利用しているのだ。操縦士とも気軽に話し合っているのは、この飛行機を絶えず利用しているのだろう。

再び十五分ほど飛んでマウイ島のカアナパリに到着した。空港といっても、砂糖キビ畑の中に五百メートル足らずの滑走路が一本あるだけで、田舎のバス停留場のようなターミナルである。タクシーに乗って、

「テイクミー、ロイヤル・ラハイナ、プリーズ」

と言った途端に、ドライバーが、

「アーユー、ミスターミヤタ、フロムジャパン?」

何とホテルから連絡を受けたタクシーが迎えに来ていたのだが、周りを見てもタクシーは一台だけ、日本人旅行者は私たち二人だけなのだから、まず誤ることはないはずだ。それにしても前回訪れた時とは大変な違いだし、やはり妻と来て良かったと思ったのである。

昨夜のホテルのディナーはムード満点だった。妻は例のムウムウを着て、リッチな気取りでバンド演奏を聞いていた。アンコールやリクエストはしないのに、バンドの三人は私たちのテーブルを前にして、日本の曲を何曲も歌ったり演奏したりのサービスであった。

「ロイヤル・ラハイナ」の思い出は忘れ得ぬ親切なものであった。

昨日セスナ機を降りる時に、私はうっかり座席にカメラを忘れてしまったのだ。ホテルのフロントで、元阪神タイガース監督のカイザー田中氏の息子さんがアルバイトで勤務しており、早速カメラを追ってハワイ島に連絡をとり、昼過ぎにゴルフを終わってルームに帰ったところへ、無事カメラを届けてくれたのである。地獄に仏とは全くこのことであり、本当に嬉しく思った。しかも田中君は、極度になまりのあるハワイ英語の通訳までしてくれたので、ここでの滞在は楽しく、のんびりとできたし、大ファンのタイガースの監督の息子さんと親しくなれただけでも、大満足であった。

昨日のチェックインの時、

「ミスタ・ミセスミヤタ、フロムジャパン?」

「イエス、リザベイション、ヒヤ」

「ユー・ルームナンバー、タテベ…」

私がカードを見て
「オー・マイルームナンバー、サーティビー」

「ヤー、タ・テ・ベ」

ハワイ英語の訛りを強く感じたので、このチェックインの時の会話をいつまでも覚えている。

夕刻、カアナパリを発ってハワイ島のウポル経由でカムエラに到着、パーカー牧場の草原をドライブして、マウナケアビーチにチェックインした時は夕闇が迫り、マウイ島の方角に素晴らしいサンセットを望むことができた。

三年前と同じく、白亜の殿堂と十八ホールのチャンピオンコースは変わらぬたたずまいながら、今度は夫婦揃ったフォーマルゲストとして丁重な扱いを受けた。フロントでチェックインを済ませると、ムウムウを着たハワイ美人が歩みより、先ず妻に抱擁をしてから綺麗なレイを掛けてくれたのである。

食事の時も必ず、

「ご機嫌は良いですか、料理の味は合いますか?」

と聞きにくるし、特に妻に対しては、

「ここは気に入りましたか、ぜひ次回は長期滞在してください」

など、笑顔で語りかけてくれる。

翌日ゴルフで同じ組となった、東部から来たデパート社長の二人は、片言の日本語で語りかけてくるユーモアな人で、楽しいラウンドだった。

この年の末に、ホテルよりクリスマスカードが名古屋の自宅に届いた。

ハワイ島のマウナケア山は海抜四千二百メートルと、富士山よりもずっと高い火山で、冬はスキーもできるし、車で頂上まで登ることが可能である。私はこの山の四千メートルくらいの地点に潔子の遺骨を分骨して埋葬してきた。この地を何度も訪れているうちに、私が死んだらこの山に埋めてほしいと言っていたのを聞いていた潔子が先に逝ってしまったのである。私が生きている間、ほかに埋葬した三カ所（御殿場の富士霊園・郷里能登半島の墓地・京都東本願寺）と共に通い続けるであろう。

山根ファミリーとの出会い

マウナケアビーチに二泊三日の滞在で、再びセスナに乗りマウナケア山の麓を飛んで、ハワイ第二の都市ヒロ市に向かった。有名な活火山の「キラウエア火山」の玄関口となるヒロ市には、日系人が多く住んでいるので、市内の佇まいもホノルルとは全く異なり、魚市場の「スイサン」とか、看板に日本語の文字があったり、日本人の移民の子孫が沢山活躍しているところでもある。

空港からタクシーで、レインボー滝や小田蘭園にマカダミアナッツの工場売店等、駆け足で遊覧してヒロの観光は半日で終了、帰途の空港でホノルル行きの搭乗手続きをしている間に、潔子はチェックイン・カウンターで、通訳の仕事をしていたミセス山根と親しくなったのである。

「日本から二人で来られたのですか?」

「私は初めてですが、主人は二度目です」

「キラウエア火山に行かれましたか?」

「ボルケイノには時間がなくて行けませんでした」

「次回に又ヒロに訪れてください、ご案内しますよ…。私は静岡県の清水出身ですが、どちらからですか?」

「名古屋市です…」

この時の出会いが、契機となり我が家と山根ファミリーとの交流は、親類同様になり、今も行ったり来りのお付き合いである。ミスター山根は、シカゴ大学出身の牧師で日系二世、長女ナオミ、次女デボラー、末は長男のジョン君、と五人家族である。

日本に帰国して、直ぐに山根夫人より達筆の手紙と家族全員のスナップが届いて、この年の秋に、家族全員で名古屋に訪れるので、再会を楽しみにしている云々。

早速私は喜びと歓迎の返信を送った。名古屋キャッスルホテルのロビーで、山根ファミリーの五名と、我が家の四名が楽しい語らいと食事の一時を持ったのである。親子共に年齢が近いせいか、日本語と英語の身振り手振りのコミニュケイションはとれたようである。

翌日、小雨まじりの名古屋城をバックにして、全員で撮ったスナップを、その年のクリスマスカードに利用された。更に、翌年の昭和五十年の夏休みに入って、雅子が一人でハワイ島ヒロ市の山根宅に遊びに出かけた。私が羽田空港まで見送り、ミセス山根がホノルルまでの送迎や、キラウエア火山見物にミスター山根が同行したり、沢山のお土産まで貰って元気に帰国した。

山根夫妻は二、三年に一度訪日されて、北海道から九州まで遊覧されており、我々よりも広く日本を旅されている。

四半世紀に亘る交流で、ハワイ島ヒロ市には潔子とも三度訪れたし、山根夫妻も我が家に泊まって紅葉狩りに出かけたり、潔子の入院先の病院にも見舞いに来られたり、全く近い親戚以上の親しい間柄となっている。

国際電話を掛けあったり、来日されると日曜日には一緒に教会にも行くし、妻の墓参りもしたり、子供たちも時折出かけては、マウナケア山の墓碑に献花したり、山根家を訪れたりしている。

私がヒロに行くと、オアフ島よりジョン君がわざわざ飛行機でやってきて、ゴルフに付き合ってくれるのである。

ミセス実恵子・山根はキャリア・ウーマンで、知り合った頃はハワイ大学に学びつつ、ハワイアン航空の地上職員として働き、その後長らく中学、高校で日本語の教師として働き、時としてアメリカ外務省の嘱託として博覧会のコンパニオンを務めたり、最近では民事裁判に陪審員として出席したり、全く三面六臂の働き振りである。

妻が健在だったら、ハワイに移住していたかもと考えることがある。事実ミセス山根よりも、不動産の出物があると、時折電話がかかり潔子とも相談したことが何度かある。

明治を退職してから一年おきに訪れているが、次第に一人で出かける事が苦痛となってきた。せめて二、三時間のフライトで行ければと思うが、特に行くときに時差の苦痛を強く感じるのである。子供達も何度かマウナケア山の墓碑参りに出かけているようだし、私も死んだら妻のそばにゴルフクラブと共に埋めてほしいと思っている。

三重営業所勤務

昭和五十二年、二度目の名古屋勤務になって、支店長も四人目に代わってきた、会社の業績は順調に進展しており相変わらず多忙な毎日であった。田舎の母も八十三歳となり、一人で生活するのが苦痛となり、ある日名古屋で一緒に住みたい云々と便りが届いた。早速潔子と二人で田舎に行き、長年の商売を閉じて廃業届を出し、店の商品も近所の人に分け、母を名古屋に連れてきた。

これで良いのか、悪いのか分からなかったが、母も私も何ともやりきれない気持ちになって、武部を出発する時に涙が出て止まらなかった。この武部の家と土地を守るために、母が必死の思いでがんばったのは何だったろうか…、時の流れと変化は、自分のこれからの進路にいかなる形となってくるのだろうか？　名古屋に向かう車の中で、いろいろの事が思い出され、母の手を強く握り緊めていた。

それでも名古屋について、子供たちが「おばあちゃん、よく来たね」と言ってくれた時は、正直ホットした気持ちになったものである。

母が名古屋に来て二年目、ようやく都会の生活にも慣れた矢先の事だった。またも突然に、

「宮田君、三重営業所に行ってほしい…」

私が母や家族を連れて赴任できないのを分かっていて、転勤を命ずる会社に意欲が崩れてゆくのが自分でもどうしようもなかった。もちろん単身赴任であるが、留守中の母の寂しさを考えると、帰宅してすぐには言い出せなかった。サラリーマンの悲哀をつくづく思い知らされたものである。

会社では相談する相手もなく二日間種々考えた後で、単身赴任で三重に行くことを返事したが、気持ちはどん底であった。僅か二年間の津の単身生活だったが、支店長に再び金沢時代の上司が赴任されたので、幾分精神的にゆとりが持てたことは感謝すべきであろう。

しかしこの頃より、会社の業績に低迷のきざしが現れ、商売に無理押しをするようになってきた。いわゆる薬価基準の改正が二年ごとに実施され、病院等の薬の買い叩きが出始めた頃である。長年にわたって薬は景気が良く、メーカーも卸も順調に伸びていたのであるが、添付廃止や不当景品防止法等、種々の規制が出てきたのである。ゴルフ招待旅行や海外ツアー等もこの頃より、次第にできなくなり、加えて交際費への課税が多くなり、同業との競争も一段と厳しくなってきたのである。

初めて単身赴任を経験したが、仕事が終わってアパートに帰ると、いつも母のことが気になり、寂しいだろうと考えると、たまらなくなり涙が出て止まらなかったものだ。思い余って翌日、会社から

家に電話をすると、母が泣きながら、

「お前はどこにいるのだ、毎日留守番ばかりで寂しいよ」

「いつ帰ってくるの、ここは寂しくてたまらないよ…」

いつも同じ事を言っているので、妻に言うと、

「おばあちゃんはボケてきたようだよ、子供もあんまり同じ事を言うので、おばあちゃんと話をしなくなった」

私が一緒にいたらと思うと、名古屋から通勤しようかとも考えたものだ。そしてこの時、母が不憫に思え、もっと母に優しく、親切にするように長い手紙を書いて送ったのである。

会社では事務のT子さんがアレルギー体質で、夏になってクーラーが入ると発作が起こり、入院して一カ月近くも休むので、私だけ常に夏季休暇は返上で出勤していたのであるが、三年目はいかなることがあっても夏休みを取ろうと思い、半年前くらいから海外ツアーの準備を始めた。

夜アパートに帰ってから、カナダ・アメリカ旅行の準備を少しずつ進めたが、潔子を驚かせようと思い、一人で作業をしていた。時折旅行社に行き、航空券の予約やホテルの確認、レンタカーの手配に道路地図の調査等、英会話の勉強にも身を入れた。六月中旬、カナダ・アメリカの旅の計画を潔子に話したところ、

「おばあちゃんはどうするの？　ハワイと違って無理だよ」

「七尾の叔母さんにきてもらうし、もう全部予約してあるんだぞ」

ところがもっと難題が持ち上がったのである。何と支店次長に昇格して、静岡営業所長兼務の転勤だった。

しかし、こんなことでいちいち自分を犠牲にしていては何にもできないし、これ以上会社に振り回されるのはご免だと、三年分の夏季休暇に転勤休暇を合わせて十日間の休暇を取り、カナダ・アメリカ旅行を決行した。

カナダ・アメリカ西海岸の旅

営業所長になると、業績の良い時、悪いとき、いずれの場合でも、中々余暇なんて出来ないものである。社内報を見ると、女子社員はもちろん、工場や研究所の男性まで、世界各地に出かけているようだ。日頃、社長が国際的な視野を持てと言っているが、我々営業部門の者には、全く別世界の話にしか聞こえてこない。

七月一日付けの発令で、単身で静岡に着任して一カ月、案の定、仕事はますます忙しくて困難な問題が山積しており、まともに取り組んだのでは、とても身体が持たないと思った。俗に言う「忙中閑あり」の心構えで、半年前から計画していたカナダ・アメリカの旅に出発したのである。

八月十九日午後七時半羽田発・カナダ太平洋航空CP402便、空港には大学の同期生、トンコ、スピーカーと渡辺夫人の三名が見送りに来て、グループの餞別まで貰った（グループとは、吉田運・

山村・岩口と私に、前述の三女史の計七名)。友人はありがたいものだと、つくづく思った。

潔子も大喜びで、

「あなたたちのグループは皆良い人たちで、いつまでも仲が良いので羨ましい」

と言って感心してくれた。

このグループには、大学を卒業してから四十年近くになるが、いろいろと大変お世話になっている。潔子との婚約時代に、大学のトンコの実験室でグループとの顔合わせをしたり、何と渡辺夫人とは、その後北アルプスの槍ヶ岳の頂上付近でバッタリ出会ったりしたこともあるし、私の心臓手術の時も、わざわざ静岡市立病院にまで見舞いに来てくれたりと、数えれば切りのないくらいありがたい思い出が多い。

小雨が降り、夕闇が近づいた羽田を定時に、ジャンボ機は離陸してバンクーバーに向かったのである。この便は始発が香港で、終着地は南米のアルゼンチンのブエノスアイレスである。乗客の殆どは東洋人だが、日本人は少なく、三人掛けのシートで、窓際はパラグアイのアスンシオンに帰る中国人だったので、バンクーバーに到着するまでに二、三十分ほど、筆談をした。

約八時間半のフライトで、待望のアメリカ大陸に到着、バンクーバーの南にある、リッチモンド国際空港に着陸した。

空港のカナダ入国審査官は、夫婦二人きりの旅なので、ちょっと不思議そうにパスポートを眺めていたが、

「フルムーン・サマーバケイション」

と言ったので、ニコニコして、

「ウエルカム・コンニチワ、ハブア・ナイスデイ」

ポンとパスポートにスタンプを押してくれたのである。

空港からタクシーで、ダウンタウンにある、格式の高い「ホテル・バンクーバー」に行きチェックインした。

時差解消の昼寝を三時間くらいとったので、サッパリとした気分で市内観光に出かける。タクシーでスタンレー公園にあるトーテムポール前に行き、二人でスナップを撮っていると、日本語で

「あなた方は、日本から二人で来られたのですか?」

「そうです、今日着いたばかりですよ」

「私は土産物店の社長をしている者ですが、お暇なときにぜひ寄ってください」

一見して、品の良い老紳士なので、名刺を交換して、店の場所を聞くと、宿泊ホテルの直ぐ近くなので、早速この社長の車でホテルに送ってもらう。渡る世間に鬼は無しと言われるが、バンクーバー滞在中は、ずいぶんお世話になったのである。

T・M氏と名乗る親切な老人は、自分で高級車を運転しつつバンクーバーに滞在の二日間をフルに付き合ってくれた。

まず潔子がラーメンを食べたいと言うと、チャイナタウンに行き、

「ここの店がおいしいですよ、ここは中国人の客が多いけど、バンクーバーでは評判のおいしい店です」

確かにおいしい料理だったし、量が多くて腹一杯になったが、値段の安いのになおビックリした。またカナダ国鉄の寝台券の予約、翌日のゴルフのスタートからカナディアンロッキーでのレンタカーの手配までやってもらい、大助かりだった。

最後にT・M氏のみやげ物店に寄り、木彫りのトーテムポールや、ブローチを数個求めた。店主が薦めてくれた銘の入ったトーテムポールは、今も居間のアクセサリーとしている。

翌日も好天で気持ちの良いゴルフ日和だ。パブリックのマックリーリーゴルフ場に出かけてラウンドする。キャディがいないので、潔子も一緒に手押し車を引いて回るが、平日なのに混んでいて、タクシーのドライバーと自動車修理工の二人が加わり、四人でプレーしたが、彼等はあまり上手でなかったが、日本で言えば休日にパチンコ屋にでも行くようなもの、グリーンフイも二人で十五ドル（カナダレートで三千円くらい）と日本に比べ極度に安いものだった。

夕食はレストランで、シーフードをオーダーして腹一杯となる。サーモンステーキーやえびフライ等、量の多いのは良いが、味も大味でちょっと物足りない感じだった。

T・M氏に、CNバンクーバー駅のホームまで送っていただき、別れを惜しんだ。

「ぜひまたカナダに来てください、今度見えるときは、もっとバンクーバーにゆっくり滞在してくださいね」

CNの大陸横断特急「スーパー・コンチネンタル」号は、金曜の午後八時にバンクーバーを出発して、翌週の水曜日に東海岸のモントリオールに到着する。その間に時差が四時間もあり、日本では考えられない長距離列車である。

一等寝台のコンパートメントで、バスは無いがトイレと洗面所はついており、日中は寝台をたたむと、ゆったりとしたソファーになるので、一昼夜の旅では退屈することもなく、移り変わる風景を眺めていたのである。天井までガラス張りの展望車や、くつろげる雰囲気のサロンカーでコーヒーを飲んだりして、十九時間の列車の旅が満喫できた。

土曜午後五時過ぎに、夕闇迫るカナディアン・ロッキーのジャスパーに到着、一時間の時差を調整して時計の針を一時間進める。タクシーでCN直営の「ジャスパー・パークロッジ」にチェックインした時は、八月とは思えぬ位に冷え込んでいて、ロッキーの山深くに来た事が感じられたのである。バンクーバー駅で預けたスーツケースとゴルフバッグは、ちゃんとホテルのフロントに届いていたのでホットした。

一見ログハウスの山小屋風だが、内部は高級ホテルで、周囲の景色はゆったりと素晴らしく、ゴルフ場もカナダオープンを開催するチャンピオンコースで、フェアウエイのコンデイションも良く、ここでプレーするのも目的のひとつである。

翌日はレンタカーを借りて、マリン・レイクとメデスン・レイクにドライブする。道端にはマウンテン・シープやリスがいて、逃げる様子も無くじっとこちらを見つめている。何千年、何万年も自然のままの風景は、神秘的で雄大である。

ジャスパーで二泊して、ゴルフとドライブで楽しんだ後、アメリカ国境に向かって、三日間のレンタカーでの旅となる。

カナディアン・ロッキーのハイウエーは通行料も不要で、ジャスパーからバンフまでは素晴らしい景色の連続だった。途中ですれ違う車はほとんどアメリカからのキャンピングカーで、それも大型バスである。日本はGNP何位だか知らないが、正しく国力の差をつくづくと感じた。

ジャスパーを出発して約二時間、右手にコロンビア大氷河が見えてきた。道路端のレストランから眺めた氷河は、とても世界一のフィールドには見えないが、スノードームに近づくにつれ、氷塊のスケールの大きいのが分かってきた。氷の上はとても寒く、冷たい風が吹いており、半袖シャツでは凍えそうになってきた。おまけに水しぶきがかかり、氷原から早々に引き上げてきたのである。

スンワプタ峠を越えて、ペイトー湖・ボー湖を経て、ハイウエーを右折すると、日本でもカレンダーの写真でも有名な、「レイク・ルイーズ」に到着した。湖岸にたくさんのケシの花が綺麗に咲いており、このケシの花壇と湖をバックにしたり、湖岸のホテル「シャトー・レイクルイーズ」の前に立ったりしてシャッターをきる。

ルイーズ湖から南下して間もなく、バンフに到着する。軽井沢と上高地を合わせたような所で、有名なバンフ・スプリングホテルのゴルフコースは今回の旅の目玉でもある。ボー河に沿ったコースはジャスパーと同じく、周囲の景色とフェアウエイの素晴らしさはロッキー中の折り紙つきである。アウト一番のスタートは、ホテルの裏がテイーグランドになっていて、ボー河を越えて広々としたフェアウエイに向かって打ち下ろしとなる。

ホテルの裏を流れるボー河は、水が綺麗で水量が多く、数メートルの段差で滝となっている。これがバンフの名所、ボー・フォールである。

バンフのホテルは、日本を出発する時から、街の中心にある「カスケード・イン」と予約してあり、レンタカーをパーキングに入れてチェックインする。

日本人学生が二人、アルバイトでホテルのフロントにいたので、ロッキーの山小屋という感じでなく、軽井沢の旅館みたいな雰囲気である。

翌日も好天で、九時過ぎにホテルを出発して、カルガリーに向かう。岩肌の山脈が途切れると、周囲は見渡す限りの草原で、ずっと地平線に向かって走り続ける。

潔子と交互にハンドルを握りつつ、地図とにらめっこし、順調にドライブをしたのである。カルガリーの街は、どこまでも続く草原の一角にポツンと見えてきたが、近づくにつれて数戸の高層ビルや、観光タワー等が空高く聳えており、大都会の様相が次第に迫ってきた。市街地の入り口付近では、ボランテイアのインフォメイションセンターがあり、親切にガイドしてくれるので分かりやすい。

市内に入ると、街路樹も多く、ゆったりとした道路が縦横に走っているし、ボー河がロッキーの雪解け水を集めて流れており、山紫水明の様相も備えた、立派な大都会である。

インフォメイションセンターで教えられた通りに、ハンドルを持っていたら郊外にあるカルガリー国際空港が直ぐに分かった。都心から車で十数分の距離であり、もちろん日本のように交通渋滞もなく、ここでも国力というか国土の広さの違いをつくづくと感じたものである。

ここからアメリカ合衆国のモンタナ州まで約二百キロで到達する。レンタカーをドロップアウトして、カナダ航空でサンフランシスコに向かう搭乗手続きをする。カナダドルをUSドルに交換し、ユナイト航空のコンファームやエアメールの投函等、手際良く済ませて、六日間のカナダの旅を終えて待望のアメリカ西海岸に向かった。

サンフランシスコの思い出

約三時間のフライトで、飛行機の窓から赤いゴールデンゲイトブリッジが見えてきた時、待望のサンフランシスコに到着したと思った。

機内で知り合ったミセス・デイビスとは、再会を約束して、空港で記念スナップを撮り別れたが、小学校の先生であるデイビスとはその後約三年間文通したが、最近は途絶えたままとなっている。知り合った当時は、有名なペブル・ビーチのゴルフ場に近いモントレーに住んでいたが、二年ほどしてサンフランシスコの反対側のソーサリトに転居されてから音信が途絶えてしまったのである。

空港からリムジンバスで、終点のダウンタウンに行き、ターミナルの近くにあるヒルトンホテルに歩いてチェックインしたので、ホテルのドアボーイは奇異のまなざしで私たち二人を眺めていた。

早速タクシーで、先ほど機内より眺めた金門橋に出かける。夕闇迫る橋には霧が多く、太平洋側より絶えず霧の大きな固まりが迫ってくるので、その合間を縫ってシャッターを押し続けていた。すっきりした風景が望めず残念だったが、『霧のサンフランシスコ』のメロディを口ずさみながら、再び橋を渡って市内に入る。

ロンバート通りをノロノロ下って、少し行くとフィッシャーマンズ・ワーフに出る。ここでタクシーから降りて、のんびりと散歩するが、夕方の人出が多く、お祭りの屋台に群がるようにしてシーフードをいろいろと食べてみた。帰りは名物のケーブルカーに乗って、坂の多いシスコの街路をチンチン鳴らしつつ走る。途中有名なチャイナタウンを通ったが、幾分疲れ気味でもあり、途中下車は止めてホテルに引き上げたのである。

夜中に、ふと目が覚めたので、我が家に電話をすると、午後八時頃で皆がいた。潔子は夜中に電話をかけて、うるさいとか言っていたが、子供が出ると張り切って、受話器を握り緊めていた。

「こちらは今午前三時だけど、皆元気かね、おばあちゃんはどうしている…」

翌日もカラリと晴れた良い天気で、気温も湿度も快適で、日本の八月とは全く異なり、五月頃の陽気である。

ホテルの近くのメイシーズ百貨店に行き、ウインドショッピングを楽しむ。昼過ぎにチェックアウトして、タクシーでコイト・タワーに行き、シスコ市の全貌を俯瞰してから国際空港に到着した。ランチを済ませてから、ロサンゼルス行きのスタンバイを申し込むと、夕刻まで満席とのことである。

昨日ホテルのユナイト航空のカウンターで、リコンファームをしてなかったので失敗したのだ。サンフランシスコとロサンゼルスの間は、シャトル便でいくらでもあると思っていたが、やはり予約の確認が必要だったのだ。手荷物が先に行ってしまったので、最初はビックリしてカウンターに行き、係員に聞いたが、早口の英語の説明が分からず、かなり難儀した。二便ほど待って席が取れたのでようやくロサンゼルスに向かってテイクオフできた。

ロサンゼルスとディズニーランド

約一時間のフライトで、ロサンゼルスの国際空港に到着した。不安な気持ちで手荷物置き場に行くと、私たち二人の荷物だけが、ちゃんと置いてあった。リムジンでダウンタウンのヒルトンホテルに向かう。ここには「ヒルトン」と言っても、空港とダウンタウン、ビバリーヒルズと三カ所もあり、「ダウンタウン」と指定が必要である。このダウンタウン・ヒルトンは日本人のツアー客が多く、ロビーにはたくさんの日本人客がいた。

ブロードウエイプラザというショッピング街でプラスバンドの演奏を聞いたり、「おかだやスポーツ店」で、ゴルフセットの買い物をしてから、ホテルのスナックで夕食をとり、ＲＴＤのバスセンターに出かける。

バスは定時に発車したが、降りる場所を通過して二人だけが車庫の中まで乗っていたので、肝心のディズニーランドに到着した時は、カーニバルパレードが始まっていた。花火がポンポンと上がり、夏祭りのように人出が多く賑わっていた。

ディズニーランドを一周する汽車に乗り、大体の見当がついたので、まず人形劇のパビリオンに入った（当時は東京ディズニーランドや、フロリダのディズニーワールドはまだなかった）。楽しい雰囲気に夢中になっていて、ふと時計を見るともう十一時過ぎとなっている。それでもたくさんの人がいるので、アメリカ人は徹底して遊ぶのかと感心したものである。

十二時となったので、タクシーでようやく帰途につくも、深夜のイエローキャブはフリーウエーを時速百二、三十キロでとばすので、私はハラハラしていたが、潔子はグッスリと眠っていた。

ホテルに到着してフロントの時計を見ると、ちょうど午前一時だった。カリフォルニアに来てから、ハードスケジュールの連続であるが、ベッドに入ると熟睡できるので体調は良い。

翌日も天候は良く、ハリウッドからビバリーヒルズを散歩して、スナックでブランチをとり、ロスの空港に行く。昨日に懲りて、今日のハワイ島ヒロ行きの便は、ホテルのフロントでリコンファームしてあったので、今度はスムースにチェックインできた。

あわただしい西部の旅だったが、初めてにしては順調に歩いたと思う。習うよりも慣れろのとおり、かなり英語も聞き取れるようになった。ヒロ行きのジャンボ機は、乗客が少なく座席を倒して横になり、手足を伸ばして横になり眠れた。

ロサンゼルスを離陸して三時間ほど経った頃に、機内放送でハワイに関する案内を始めたが、不思議と内容が聞き取れるので、楽しみつつ聞いていた。ヒロまでまだ一時間ほどかかるとアナウンスがあった。

時差が二時間あるので、今日は一日が長く感じられる。ヒロ時間の午後三時に到着し、空港のターミナルでミセス山根と三年ぶりの再会をした。潔子は実恵子夫人と抱き合って歓喜していたものだ。

ヒロは二度目だが、空港ターミナルが新築されていて、最初に訪れた時とはすっかり変わってしまい、しかも国際空港に格上げされたとのことで、カナダやミクロネシアからの直行便が来るようになって、ミセス山根のビジネスはますます多忙を極めているようだ。

山根ホームで小休止の後、ミスター山根の運転でキラウエア火山の観光に出かける。噴火口展望台からの眺めは素晴らしく、スチームチュウブや溶岩台地を歩いたりして、火口を一周した。ボルケイノハウスでパネルや映画を観てからヒロに下山する。途中に、アンスリアムの花農園や、マカダミアナッツの工場と売店を見学して、今夜のホテル、ヒロハワイアンにチェックインした時は、長い一日の疲れでいささかグロッキーとなった。

シャワーでさっぱりして、一時間ほど休憩してから、山根夫妻の招きで夕食の席につく、潔子は例のムウムウを着て、ハワイアンの盛装気分で出かけたが、実恵子夫人は、潔子のムウムウを見て、

「ミセス宮田のドレスはよく似合いますね、とても可愛いいですよ」

潔子は満面笑みを湛え、満足していたようだ。

翌日正午、ヒロを発ってホノルルに向かい、ワイキキで少しカラカウア通りを散策してから空港に

向かった。

羽田を出発してから十日間のあわただしいカナダ・アメリカの旅は無事に実行できた。何よりも二人共健康であったことが、ハードなスケジュールをこなすことができたと思う。約一年かけて、準備したことも楽しかったが、潔子と二人で歩いた事が何よりも幸せだったと思う。

母との別れ

カナダ・アメリカ旅行はとても満足でき、潔子も喜んでくれた。旅に出る前に心配したようなことも起こらなかった。名古屋の家に帰ると母も元気だったので安心したが、会社の仕事は相変わらず困難な問題が山積していた。

翌日一番の新幹線で静岡に向かい、単身赴任の連続であり、公私共に多難な日々に明け暮れることとなった。楽あれば苦ありの諺のごとく、十日間の楽しみの後、百日以上の苦しい仕事が山積しており、長い会社生活の中で最も困難というか、馬鹿らしい業務に直面したのである。

当時の静岡営業所の業績は低迷しており、全く手のつけられないほど落ち込んでいたと思う。客先の評判も悪く、三流メーカーの扱いで、個人商店ならばとっくに赤字倒産の状態であった。岐阜、名古屋、三重と業績の良い地区を歩いてきたので、まるで別会社に赴任したような気分にさせられた。

支店からは倉離れがないのに卸に送品を強要してくるし、卸は売れない商品の引き取りは拒否するので、両方の板ばさみになって、月末になると売上の空伝票を切り、月初めに返品伝票を書く、全く意味の無い数字合わせの営業を繰り返していた。月末になると、卸に行って空伝票をきるのに資材や倉庫担当者に依頼するのに必死だった。この頃より、会社全体に業績に対する不信感が出始めてきたと思う。

前線と本社幹部の認識のずれが見えて、いわゆる建前ばかりが先行し、本音が聞かれなくなったので険悪なムードが出てきたのである。

当時の読売新聞大阪版の社会欄にトップ記事で、「春立つ日、命絶つ」と大きく報道された、大阪支店次長のY氏一家のガス自殺は、故人とも交流があっただけに、何ともやりきれない気持ちにさせられたものだ。新聞にはY氏の自宅の写真が大きく掲載されており、このニュースはその日のうちに全国に広まっていった。

静岡に単身赴任して数カ月たったある日の夜、午前二時頃だったと思う。

突然潔子から電話で

「お父さん今何している？」

「こんな時間にどうしたのだ」

「おばあちゃんが夜中に外へ出て行くので困るし、今、部屋の中でウンコをして、嘉彦と二人で始末しているよ」

「いつ頃からそんなになったんだい。週末まで帰れないので、すまないが今度帰ったら入院させるか特老にでも入れるのでそれまで頼むよ」

あと半月もすれば新年であり、年末年始の休暇になるので、何とかそれまで小康状態を保ってほしいと願ったのである。

母も八十六歳を過ぎて、お正月がくれば昔流に言えば、米寿になるし、元気に新年を迎えて欲しいと思っていたが、昨年の中ごろより近所の市営の老人ホームに通っていたのに、ホームより家の方で、面倒をみてほしいと言われ、ホームにゆけなくなってしまったのだ。ホームで風呂に入り、脱衣所で持っていないのに、財布をとられたと言い出して皆が騒いだり、玄関で他人の靴を履いて帰ったりしたようで、その都度ホームの職員が振り回されていたようだ。

ホームに行けなくなった母は、寂しさが一層つのり、老人痴呆の症状が出てきたようだ。あんなに頭脳明晰で朗らかだった母が、すっかり変わってしまった。三年前に、名古屋に連れてきた時、車に乗せて高速道路を走り、サービスエリアで休憩した時に、

「高速道路はいいね、道路は文化のバロメーターだよ」

八十三歳の田舎のおばあさんの言葉とは思えぬせりふに、私はびっくりしたものだ。

昭和五十二年十二月二十八日、年末の仕事を終えて午後十時過ぎに名古屋の家に帰ると、母は自分の部屋の中で、素っ裸で座っていた。潔子や子供のことも、さっぱり見分けがつかず、言う事も全然意味の通じない事を言うので、私はとにかく着物を着せてふとんの中に寝かせつけた。

「ばあちゃん、あと三日でお正月だから、風邪を引かぬように暖かくしていなよ…」

母は何にも言わず、「うん」と言ったきり素直に横になった。これが母と交わした最後の会話となってしまったのである。

翌日の朝まで、母はぐうぐうと大いびきをかいて寝ていたが、のぞいて見てちょっと様子が変だなと思ったので、近所の開業医に連絡すると、往診してくれたが、

「重症の脳溢血です。お年ですから、あと二、三日ですね、私はお正月の元日はゴルフに行きますが、その他の日は家にいますから、様子に変化があったら連絡してください」

母はその後もずっと、いびきをかいて寝たきり、三日経ち元日を迎えた。年末から賀状を半分ほど書いて投函せずに待っていたが、元旦になり年賀状が四百枚も届いたので、慌てて二百枚ほどまとめてポストに投函して帰宅するとき、何となく胸騒ぎがしたので、家に入って母の顔を見て愕然とした。顔面から血の気がすうと引いてゆくのが分かったのである。享年八十六歳、昔風に数えれば八十八歳の米寿を一日過ごして、あの世に旅発った。

人は年齢には不足はないというが、私にとっては母は永遠に生き抜いてほしかった。

医師の検死が終わり、区役所へ死亡届を一人で提出してきたが、帰り道に涙が出て止まらなかったし、家の近くまで来た時にたまらなくなり、近所の公園にゆき、木立の中に入って思いっきり声をあげて泣いた。元日早々に、男が林の中で声をあげて泣いている様は異常だったと思う。

元日に葬儀を出すことになろうとは思いもしなかったし、当初何からやればよいのか戸惑ったものである。葬儀屋も来たけれど、仕出しは正月休みでできないので、遠方から来た客には三食共、名古

屋駅の駅弁に蓮の熨斗をつけて出していた。火葬場も三日間休場で、三日の葬儀は火葬場で大変慌しいものだった。

八事の火葬場にきて棺の多いのには驚いたし、朝から焚き通しなので釜が焼けていて、骨上げまでの時間が少なく、とにかく火葬場全体が、名古屋駅の雑踏と同じくらいにたくさんの人であふれ返っていた。誰かが言った。

「賑やかなことの好きなおばあちゃんだったから、死んでも最後まで変わった賑やかなお葬式だったね」

前段でも述べたように、私にはこの母が生きがいでもあり、母も私のことを頼りにしていたのに、このような形で母と別れたことに、残念のきわみであった。一緒に住んでいたら、もう少しゆとりのある老後が送れたのでないかと悔やまれるのである。

お正月休みと忌引きが明けて、再び静岡に単身赴任で、母の位牌と経典を持って社宅に来た。これから静岡に越す三カ月の間、毎晩一人で読経を続けていたが、お経を読んで母の写真を見て静かに過ごすことにより、何となく気分が落ち着いたことを今でも思い出す。

永住の地、静岡に越す

静岡に単身赴任をして十カ月、仕事はますます厳しくなり、会社全体にも何となく陰りが見えて来た頃である。こんな状況では自分の将来も限度が見えてきたし、進路を変えることを真剣に考えるようになった。

この半年、不動産を探して藤枝から清水の間を売り物の物件を探して歩いていたものだ。百坪以上の土地が最低の目標なので、住宅地としての売り物が中々見つからず、特に静岡市内では不動産相場が高くて、名古屋の街と同じ位で、簡単に目的にかなった物件に見当たらず、会社に出入りの不動産屋に出かけて売り物の台帳を見ていたのである。

三月の初め、仕事で時折出かける郊外の県立こども病院の近くに、百二十坪くらいの売り物を見つけた。早速同僚の、菓子のF支店長に同道願い、物件を見てもらったところ、これならいいよと薦めてくれたし、お向かいの伊藤さんのご主人がちょうど家の前にいて、ここからは駅まで道は渋滞しないし、車で二十分もあれば街の中心に行けるよ、と言ってくれたので、すっかり気に入ったのである。

その晩、潔子が名古屋からやってきて、再びその家を夜中に見にいったものだ。翌日不動産屋に行き、直ぐに手付金を払ったのである。

この物件は売りに出てから、半年ほど買い手がつかず、不動産屋でもダンピングの話題になっていたのに、私が手付を打ってから、対抗馬のように買い手が現れてダンピングの話は消えてしまった。名古屋の家を処分して、郷里の土地（二百八十坪の土地と水ケ平の山を合わせて）も柿木清雄氏にゆずり、静岡の家を購入した。

昭和五十三年四月、長男は名古屋の高校より、静岡東高校への転校試験を受けて合格したし、娘は安東中学に転入して二人共元気に通学していた。潔子は家事に精を出して、広い庭で、大きな家に入り、ようやくゆったりとした幸せに浸れたと思っていたが、会社の仕事は、次第に動きの取れないくらいに悪くなっていった。加えて私の健康が次第に虫食んでいたのである。

静岡に越して、お天気の良い休日に、家族四人で御殿場の富士霊園にドライブに行き、売り出し中の墓地を購入した。郷里武部の区営墓地より分骨して、更に母の納骨をして、能登の長賢寺より住職に来てもらって供養をした。母は結局京都の東本願寺、武部の墓地、そして富士霊園と三カ所に納めたし、潔子はさらにハワイのマウナケア山と四カ所に納骨してある。死後になるが、私も潔子と同じ四カ所に分骨してもらえれば幸いである。

静岡の家は、冬は暖かいし、夏は涼しいので、大変過ごし良いところだと思う。町内の組長も二度努めたし、四半世紀以上住んで周囲の方ともかなり親しくなったので、自分の人生終着駅はここだろうと考えている。母が八十歳くらいの頃、「人間到る所に、青山あり」という中国の諺の書道を書いて老人会の展覧に出していたが、全く現在の心境はそのとおりだと思っている。

ヨーロッパの旅

昭和五十九年六月、勤続三十年と銀婚式の節目を記念して、二人だけで旅に出た。例によって、出発前に約半年かけてスケジュールから始まって、予約の確認と交通事情の調査等、資料もかなりの量となった。

クックの時刻表、ABCテーブルやユーレイルパス等、八重洲のブックセンター、丸善書店、旅行社と尋ね歩いたことが大変楽しいものだった。

六月十五日（金）成田発午後八時半、ルフトハンザ・ドイツ航空LH653便にて定時出発。アラスカのアンカレッジ経由、デュッセルドルフに現地時間午前六時到着、更に約一時間のフライトでフランクフルト・アンマイン空港に着く。

ヨーロッパでも乗り換えに便利な空港と聞いていたが、ロンドン行きのトランジット手続きには、殆ど手間がかからずスムースに出来たのである。フランクフルト発九時のLH30便は殆ど満席で、機内を見渡しても日本人は、私達だけのようである。クラフトも小さくて二百人足らずの乗客で、国際線というよりもEC国内便の感じがする。

一時間のフライトで、ようやくロンドンのヒースロー空港Bターミナルに到着した。成田を出発してより約二十時間の旅で、幾分疲れが出てきたが、東へ飛ぶより時差の関係は多少楽である。

三輪氏が迎えに来てくれたが、初対面なのに日本人同士の視線で直感的に彼だなと判明した。

「三輪ですが、宮田さんですか？　お待ちしていました」

「はじめまして、今回はお世話になります」

智恵美夫人は空港まで行くと言って、電話までくれていたが、つわりの後遺症で具合が悪く自宅で待っていたのである。

早速三輪氏の運転で、郊外のクロイドン市に向かう。ロンドンの中央より電車で30分位の郊外で、有名なウインブルドンのテニスコートが近く来週より大会が始まるそうである。六月はヨーロッパの旅行に最適の季節であり、朝は五時過ぎに夜明けとなり夜は十時過ぎに日没となる。一日がとても長く感ずるし、つい歩き回ることが多くなるので、家に帰るとぐったりと疲れる。

三輪宅で小休止して、午後から三輪氏と三人で「パーレイ」より電車に乗って、ロンドン市の中央のビクトリア駅に行く。五年ぶりで会社のロンドン事務所の松尾君と落ち合い、彼の車で市内見物に出かける。

ピカデリーサーカス、トラファルガースクェアー、国会議事堂にウエストミンスター寺院、テームズ河に架かるタワーブリッジや映画「哀愁」の舞台となった「ウオータールー橋」に、午後十時過ぎに眺めたオレンジ色のビッグベンの夜景は素晴らしく、潔子は感歎の声を挙げていた。

「スコッツ」という有名なレストランで、舌平目のムニエルにカンパリソーダーで乾杯。永い一日の疲れで、酔いもまわりホロッとしたのである。

ウインザー城とゴルフ

翌日も好天に恵まれて、郊外のウインザー城に三輪氏の運転で出かける。ヒースロー空港の近くの、ハイウエーを走っていると、ビーチャム薬品のビルが見えたので車から降りてシャッターをきる。

エリザベス女王の別荘となっているこの城は、女王が滞在する時は搭の上に女王旗がひるがえっているが、今日は日曜日でたくさんの人が訪れているのに、残念ながら旗は見えなかった。

世界中、どこに出かけても、人がたくさん集まる場所には、日本人の団体旅行者を見かけるが、めずらしく今日はほとんど見かけなかった。

駐車場はマイカーと観光バスであふれていたが、英国人の家族連れやアベックに、世界各地からの観光客のみであった。

城の近くのレストランで、ランチをとる。スカンピ（小海老のフライ）にソーセージと野菜炒めのようなものをオーダーして、ビールで乾杯する。

帰路は時折、夕立のような激しい雨が降り出してきたので、夕刻よりのスタート予定のゴルフが心配だったが、市内に入ると小降りに変わりつつ晴れてきた。五時過ぎに「セルスドン・パークホテル」のゴルフ場に着いた頃は雨もすっかり止んで涼しくなり、三輪氏と二人でカートを引いてティーオフする。

彼はゴルフを始めて日も浅く、面白くなりつつある時なので、プレーにも熱が入り、午後九時過ぎまでラウンドをした。私は、くたくたに疲れたがホテルのスナックで飲んだビールの味は最高だった。

このゴルフ場は、昨年ジャック・ニクラウスがプレーしたコースで、ホテルも古くて日本の川奈ホテルよりもずっと以前のものである。

ロンドンでは三輪さん夫妻に大変お世話になった。

翌日早朝五時にクロイドンの朝霧に包まれて出発、ロンドン名物の黒い箱型のオースチンのタクシーで、ヒースロー空港に向かう。空港に到着する頃には霧も晴れて、絶好のフライト日和となった。ヒースロー空港の免税売店には、あまり品数もなく、むしろスコッチや香水は、今までにほかの国で何度も買っているので、土産用にスコッチのミニチュアを買うだけにして、パリのシャルルドゴール空港に向かって離陸した。

パリの思い出

英国航空のBA304便は八時発であったが、約一時間遅れたので、タクシーでセーヌ河ほとりのホテル日航ドパリにチェックインした時は、お昼近くになっていた。フロントで、川村めい子さんが待っていたのでホットしたが、長い時間待っていたのか気がかりであったが、三十分ほどでしたとの事、早速ホテルのレストラン弁慶でランチをとりつつパリ市内観光の予定について話し合う。

彼女のお父さんとは麻雀・ゴルフのお付き合いで深い交流の間柄で、私は数年前一度、自宅に伺った時に会っただけなので、潔子は初対面であった。

めい子さんは一人でパリに住んで遊学の生活であるが、東京女子大卒の才媛で英語、フランス語に堪能で、二日間のパリ滞在中にいろいろとお世話になった。

最初にタクシーでシャンゼリゼ通りに面した、有名なカバン屋のルイビトンに行き、雅子から頼まれたポシェットを買う。客の大部分は日本人なのに驚いたし、こんな物がそんなに価値があるのか不思議に感じたものだ。

地下鉄に乗って、ルーブル美術館に訪れた頃は夕刻が近く、駆け足で館内を見て回る。ミロのビーナスに二十数年ぶりで再会出来た時は、新たな感動を覚え、より身近な存在に思えたのである。正面ホールの階段で、サモトラケのニケをバックにしてのスナップはアングルも良く、ピントもバッチリで、ルーブルの良き思い出になっている。『モナリザの微笑み』や『ナポレオンの戴冠式』にミレーの『晩鐘』等、疲れも忘れてため息と目の見張り通しだった。

再び地下鉄に乗って、シテ島のノートルダム寺院に行く。夕方の礼拝時間で、院内のベンチに掛けて小休止しつつ周りのステンドグラスを眺め、僧侶の唱えを聞く。小さい祭壇があり、ロウソクが置いてあったので三フランのお賽銭を上げてロウソクに点火して旅の安全をお祈りした。

ノートルダム寺院はバックからの眺めが良いとの、めい子さんの説明で、ドームの裏側に行きシャッターをきる。数年後、雅子がツアーでパリに旅行した時も、全員の記念写真はこのアングルだった。

夕闇が近づいてきた頃、パリオペラ座の近くのレストランで簡単なディナーをとり、シャンゼリゼの「リド」に行き、夜開演のショーの予約をする。何と午後十二時半に開演して、終了は午前二時半の部しか席がないとのことである。

セーヌ河の遊覧船バトウ・ムッシュは涼しくてパリの中心街をゆったりと観光するには良いですよと、ロンドンの三輪氏も言っていたし、めい子さんもすすめてくれたが二人共朝早くから歩きずめでクタクタになったので、ホテルに戻り三時間ほどベッドに入り一休みしたのである。

めい子さんは、その間ベッドの脇で本を見て待っていてくれた。

午後十一時過ぎにタクシーで、再びシャンゼリゼ通りの「リド」に出かけると、まるでお祭りのような人出である。しかもほとんどが夜会服を着た人たちで、正しく夜の大人のパリの顔を見た気分になった。

リドの前まで来ると、我々入場者と終演で帰路につく人とがゴチャゴチャと渦を巻いたように列を作り、何とも言えない一種の興奮が湧いてくるようだ。楽器を持った人が数人やってきて、その渦の中で演奏を始めると、音楽に合わせて踊り出す人もあり、またそれを見物する人垣ができる。私もそれに近づいてラジカセのテープを回し続けたものだ。

時計はちょうど十二時であり、ようやく入場が始まったが、全く整然としているのには感心した。日本だったら、押し合いへし合いで大混乱になるであろう。

昨夜というか、今日の早朝午前三時過ぎにホテルに帰りグッスリと寝込んだので、目が覚めたら十時を過ぎていた。午前中にベルサイユ宮殿に出かける予定だったが、とても無理なので潔子と二人で地下鉄を乗り継いでリヨン駅まで散歩する。

途中何度か道筋がわからず、中学生か高校生位の子供と一見紳士風のオジサンに英語で尋ねて見たところ、親切に身振り手振りで教えてくれたのでほとんど不自由せずに、リヨンまで往復できた。

こちらが英語で尋ねると、返事はすべて「ウイ」と「ノン」のフランス語であるが、説明はほとんど英語でやってくれるので、コミュニケーションは充分である。

昼食を早めに済ませて、ホテルを出発する積もりだったが、鍋焼きうどんに幕の内弁当をオーダーしたところ中々持って来ず、一時間位手間取ったので急いで玄関に来ると、今度はタクシーが中々来ないし、ようやく来たら途中が渋滞しているのに、道を間違えて遠回りする始末。

結局二時発のTGVには間に合わず、ホームに出た途端にゴーッと音を響かせて列車は走り去ったのである。次の便は七時までなく、しかも一等車は満席で、全くふんだり蹴ったりとはこのことだった。もちろん払い戻しもなく、リヨン駅で七時まで五時間も待たされてしまった。

大体この二時発のTGVは、パリに到着してチケットを申し込んだ時からケチのつき通しであった。フロントでTGVの座席を確認しようと思って、尋ねるとコンシェルジェに聞いてくれと言うので、デスクにゆくと誰もおらず、いくら待っていても来ないしフロントでは全然取り合ってくれないし、あんまり対応が悪いのでカッとなり日本語で、

「話の分かる日本人はいないのか?」

とどなりつけたのである。

大体こちらが、英語で話をしているのに、専らフランス語で返事をするし、フランス語以外は全然話そうとしないのである。大声を出したので、ようやく英語で対応して事の決着がついたチケットであり、最後まで苦労をした今回の旅の汚点であった。

スイスの旅

午後十一時過ぎ、フランスとスイスの国境の長いトンネルを通過して、ＴＧＶはジュネーブのコルナバン駅に定時に到着した。駅の入国審査官は、深夜なので殆ど荷物も人物もチェックせず、パスポートを見せるだけで通過したが、言葉はフランス語で色々と言われてもサッパリ分からず、行列についていって、前の人のやっているとおりにやり、駅の中も皆が歩いて行く後をついていったら、タクシースタンドに出た。

タクシーに乗って、五分くらいで、レマン湖のほとりにある名門のホテル・デ・ベルグにチェックインした時は十二時を過ぎていた。

パリを出発する時、ＴＧＶの最終便に乗るからと電話をしておいたので、ホテルのフロントは電気をつけて待っていてくれた。

スイスと聞いただけで、清潔で平和なイメージが湧いてくるが、このホテルは百五十年の歴史を持った素晴らしい伝統と格式を備えており、今回の旅行でリザーブしたホテルで宿泊料が最高である。

朝食前に潔子とレマン湖畔を散歩したが、空気が澄んでいて周囲の風景と調和しており、公害など感じられない大都会ジュネーブの顔にふれた気分を味わった。

ホテルの銀行で残っているフランをスイスフランに替えて、十時過ぎにコルナバン駅のインフォメイションセンターに行く。今晩乗るチューリッヒ発の、ウインナーワルツ号一等寝台のコンパートメントを申し込んだが、満員であり二等寝台で予約する。

十時四十分発、ミラノ行き特急でジュネーブよりアルプスのマッターホルンに向かう。列車はずっとレマン湖に沿って走り続けるが、三十分ほどで国際オリンピック委員会本部のあるローザンヌに到着、さらに十五分位行くと、有名なシオン城が車窓より見えてきた。この辺より列車は、レマン湖より離れて次第に高度を上げつつ山間部に入ってきた。

潔子と二人でガイドブックを見つつ周囲の移り変わる風景に見とれていた。

午後一時前に、イタリーと国境を接するブリッグに到着。駅の一時預けにスーツケースを預け、ツェルマット行きの登山電車に乗り換える。ホームで日本人女性の二人連れと会ったが、留学生で、イタリーからやって来たと言っていた。今の学生は自由に世界旅行を楽しんでおり、特に女性のグループが多く目立つのは、時代の大きな変化と強く感じた。

麓の天候はカラリと晴れているが、アルプスの方角を眺めると雲がかかっていて、マッターホルンの山頂は望めそうもない。電車は急傾斜のカーブをキーキーと車輪を軋ませつつ高度を上げ、約一時間半で登山基地のツェルマットに到着した。

朝早くから遅くとも午前中にツェルマットに到着しないと、マッターホルンの頂上は見えないよと言われていたが、時計は午後三時近くになっていた。心配していたとおりで、山頂はほとんど雲の中にチラッと見える程度、スッキリと晴れる気配がないので諦めてレストランに入る。ドライカレーと骨付きビーフにコンソメスープをオーダーして、遅いランチをとる。

ツェルマットの町は海抜千五百メートルの高地で空気が澄んでおり、その上ガソリン車がなく、電池自動車と馬車が唯一の交通機関である。車で来る人は麓の町のパーキングに駐車して、電車に乗り換えて来るしかない。

約二時間の滞在で、再び登山電車にゆられて帰る途中の車窓から、雲間にマッターホルンの山頂が見えた。潔子がトイレに行っている間に、電車はドンドンと高度を下げていたので、潔子はついにマッターホルンの山頂を眺めることはできなかった。

ブリッグはスイスとイタリアの国境の町でもあり、ほとんどの特急列車は、この小さな駅に停車する。イタリアに向かう列車は、有名なシンプロン・トンネルを抜けて約二時間ほどでミラノに到着するのだから、余裕があれば当然そっちのほうにも行きたいが、あきらめてバーゼル行きの特急に乗り込む。

ブリッグを発車して列車はトンネルの中ばかりを走り続ける。ようやくトンネルを抜けると、高原の牧場のような所でカンデルステッグという小さな駅に停車した。遥か彼方にはユングフラウヨッホの峰続きとおぼしき雪を乗せた岩峰が雲間に見えた。

車内には日本人らしき人物は一人もいなかったのに、ベルンに到着間際に日本人の家族連れが乗り込んできた。クックの時刻表が二カ月前のものなので、確認の積もりでチューリッヒ行きの接続と、ベルンでの乗り換えホームのことなどを尋ねると、彼らも全く同じ二カ月遅れのクックの時刻表を持っていたのである。

列車は定時にベルンに到着して皆と別れた。チューリッヒ行きの特急は約十分ホームで待っていたら入ってきたのでホッとした。この列車も大変空いており、コンパートメントはゆったりとして快適な旅であった。

ベルンを夕刻に発車して、午後八時過ぎにチューリッヒに到着、すっかり日も暮れて夜のスイス第二の都会であるが、全く別の国に来た感じである。

ジュネーブとは異なった雰囲気の街だと感じたのも当然である。ここは言葉がドイツ語であり、四国くらいの広さの一つの国でフランス語とドイツ語に分かれているのは不便に思う。カナダもフランス語と英語になっているが、国土が広いので区別もつくが、スイスは全く不便だろうと考えたが、逆に言葉の壁がなくて他国に行くのに便利かもしれないし、我々単一民族国家に育った者にとっては全く異質の世界に立った感を強くしたのである。

折角の大都会チューリッヒもわずか数時間しか滞在できず、午後十時半発のウィーン行きの寝台特急「ウィンナーワルツ号」に乗り込む。二等寝台しかチケットが取れなかったので、二段ベッドの二階に二人共寝ることとなる。車内は超満員で、通路にもたくさんの人がべったりと座り込んでいて、トイレに行くにも不便で、久しぶりで満員列車の長距離旅行を経験する。

ベッドの下の段には、米国東部より来た女子学生二人が席を取っていたので、発車して一時間くらい経った頃に挨拶して、夜が明けてからどちらからともなく話をするようになった。もちろん日本には未だ行ったことがなく、京都・奈良・箱根・日光に行ってみたいとか、富士山もぜひ見たい等話がはずみ、スナップも共に撮って楽しい道連れとなり、潔子もおおはしゃぎだった。

車掌がやってきて、乗車券とパスポートを保管すると言って持ち去った。スイスからオーストリアに向かう国際列車だから当然のことであるが、日本では経験できない旅である。

朝五時過ぎに夜明けとなり、緑濃きチロルの山並みをぬって列車は快調にウィーンに向かって走り続ける。七時過ぎに車掌がやって来て、昨夜徴収されたパスポートとチケットを返却し、朝食のパンとミルクを渡してくれる。機内食ならぬ車内食は、弁当箱くらいの容器にレタスとトマト・ゆで卵やハムを添えてあった。喫茶店のモーニングと同じである。洗面所で、さっぱりとした気分となり、涼しい風を窓から入れて通路で立ったままで朝食をほおばった。

オーストリアの旅

○ウィーン

八時半ちょうど、十時間の夜行列車の旅を経て定時にウィーンの西駅に到着する。駅の両替所で、残ったスイスフランをオーストリアマルクに交換するのに、長蛇の列で一時間以上かかる。

ヨーロッパ東部のハンガリーやチェコ方面と、ユーゴスラビア方面からの旅行者が、この駅で乗り換えて西ドイツやフランスに向かうために、駅構内はちょうど上野駅の雑踏と同じようだ。

荷物をコインロッカーに預けて、タクシーでウィーン市内観光に出かける。ドライバーが高見山のような大男で、然も短パンにランニングシャツ一枚の服装では何とも異様な気分だったが、今日半日の市内観光を申し込むと、ＯＫの一発返事にニコニコと愛想よく話しかけてきた。

「グーテンターグ、ヤパニシェ・フレムデンベルゲール？　（今日は、日本からの観光ですか？）」

「ヤー・マインナーメミヤタ・ウントフラウ・キヨコ（そうだ、私はミヤタで、女房のキヨコです）」

ベンツのジーゼル車でバリバリ音を立てて走り出したが、見回すと駐車中のほとんどの車はベンツであり、国産車であるようなものだから当然だろう。

ステファン寺院にホーフブロイ王宮を訪れてから、市立公園のプラーターの観覧車に乗るべく駐車場に入れると、ドライバーが待機すると言ったが一緒に誘って観覧車に乗り込む。思わず「第三の男」のジョセフ・コットンとオーソン・ウエルズになった気分でメロデーを口ずさむと、ドライバーの男もにっこりとしてドリンクのソーダ水をくれたのである。観覧車の中で潔子は、オペラハウスはどこかとしきりに尋ねるが、ドライバーも私も見当がつかず一周して降りる。

ドナウ河の大きな橋を渡り、郊外のウィーンの森に向かう。素晴らしいメロディの『ウィーンの森』から連想して、素敵な場所だろうと考えてきたが、案内してくれた場所は、何の変哲もない郊外のドナウ河に面した小高い丘であった。数名の観光客がいて、たむろしていたが日本の名所のようにレストランや土産物店がたくさんあるわけでもなく、説明されなければ全く分からないくらいの平凡な郊外の森であった。

ここで私は日本から持参したラジカセを取り出してカラオケを始めたが、五、六人の見物が寄って来て輪になり聞いてくれた。『無法松の一生』『君が好きだよ』『ここに幸あり』の三曲を唄って拍手されたのでいい気分となったものだ。潔子は、最初はいやだと言っていたが、ずっとそばで立って聞いてくれた。タクシーのドライバーも喜んで拍手してくれた。日本だったらヤクザが来て、因縁をつけるかもしれないが、ここはウィーンの森であるから心配無用である。

再び市内に帰り、商店街の通りに面した歩道のレストランでランチをとる。フランクフルト・ソーセージに目玉焼き、レタスにポテトフライ、トマトジュースとビールで結構お腹がいっぱいとなった。二時過ぎに駅に帰着、三時発の「オリエント急行」パリ行きまでちょうど一時間あるので、待合室のベンチで昼寝をする。二人共、とにかくよく食べられるし、眠れるので全く不安のない快適な旅である。三時にウィーンを発車して、今朝来たチロル平野を再び西に向かって、国際列車の「オリエント急行」はドイツのミュンヘンをめざす。途中ザルツブルグで二十分くらい停車して車両の編成を替えている。

有名な「ザルツブルグ音楽祭」は、こんな小さな街で開催されるのかと思ってホームに降り、発車まで周囲の山や丘と共にザルツブルグの街並みを眺めてみる。空気が澄んでいて高原のような感じがしたし、田舎の小さな停留場といった雰囲気であった。

ドイツの旅

○ミュンヘンとノイシュバンシュタイン城

午後八時、ようやく夕闇が迫る頃にミュンヘン中央駅に到着した。早速手押し車を押しつつホームに直結して駅の構内にある「ブンデスバーンホテル」にチェックイン。ホテルのフロントマンはパスポートを見せると英語で対応してくれたので大助かり。ニコニコと親切に応対してくれたので潔子も安心して部屋に落ち着いたのである。

フリーでこんなにスムースに部屋が取れるとは思っていなかったので、何となく女房に鼻が高く出来たものである。

早速バスでシャワーをして、さっぱりしてからガイドブックに広告のあった「大都会」という日本食のステーキハウスに夕食を予約、タクシーで出かけたところ、レストランの従業員（日本人）が店の前で立って待っていてくれた。

店内の料理人は皆日本人で、ウエイトレスも着物を着ており、日本語でオーダーできるのでホッとした気分でテーブルについた。久しぶりで味噌汁に漬物もついて、ステーキとご飯の日本食を楽しく食べられた。

昨夜はゆっくりと寝たので、今日は気分爽快である。お天気も良く、ずっと好天に恵まれて快適な旅の連続であり、ほとんど予定どおりに、トラブルもなく歩いて来られたので幸せである。

スーツケース二つと手提袋もすべてホテルに預け、ミュンヘン空港にタクシーで行き、レンタカーオフィスでベンツの大型車をレンタルして再び市内に戻る。ガススタンドで教えられたとおりにリンクス通りを走っていると「ガルミッシュ・パルテンキルヘン」と書いた道標があり、左折して世界的に有名な速度無制限のアウトバーンに入る。

平均時速百三十〜百五十キロでほとんどの車が走行しており、あまりスピード感が感じられない。一時間ほど走って、喉が渇いたのでサービスエリアに入って驚いた。生ビールを売っているのである。潔子と二人で中ジョッキ一杯を分けて飲む、何とも言えぬ旨さで気分がすっきりする。

ガルミッシュ・パルテンキルヘンは潔子の生まれた頃に、冬期オリンピックの開催された町であり、町の南部はスイスとオーストリアの国境に近く、ヨーロッパの屋根とも言われる山々が雪をいただいて聳えている所である。

ここで一般道に入り、オーストリアとの国境の道をジグザグ道路で南西部のフュッセンに向かってドライブする。道が大きくカーブすると国境検問所があり、パスポートを見せるだけで無事通過できる。日本で長野・愛知・静岡の県境の国道がカーブするたびに県が変わるのと同じことである。

三度国境検問所を通過して、「フュッセン➞」と書いた三叉路の交差点を右折して約三十分、視界が広くなって山の麓を振り返ると、目的地のノイシュバンシュタイン城が中腹に聳えて見えた。

何と通り過ぎてしまったのだから、引き返してフュッセンの街に入る。街の中に入ると城が見えず、途中で女の子に道を尋ねて城の登り口の近くで駐車場に入れた。

サービスエリアでビールを飲んだせいか、城の坂道を歩いていると、胸が苦しくなってきたのである。当時はまだニトログリセリンを持ち歩いていなかったので、両手で胸を抱えて痛そうにしていたが、ベンチに腰掛けて十分くらい休んでいたら痛みが治まったので、潔子と手をとってゆっくりと城門への道を登り始める。

遠くから眺めたノイシュバンシュタイン城は絵のようにきれいであり、不思議な存在に見えたが、城門にきて上を眺めると、何の変哲もない建造物である。入り口には日本語のガイドカタログも置いてあり、案内は英語・フランス語・ドイツ語の三カ国語の通訳しかいなく、英語の案内人に従って城内を見学する。

年に一度、この城内で築城主のルードリッヒ王の遺業にちなんだオペラを演奏するそうだが、タンホイザーの曲を聴きながらこの城内でワインを飲んだ気分が想像できそうである。別名を「白鳥城」と呼び、奥の居間に大きな白鳥の陶器の置物があった。豪華なベッドルームから厨房と食堂まで、種々の高価な置物や素晴らしい壁画等を見て、ただ感歎の極みといった気分にさせられた。

最後にガイドに五マルクのチップを渡し「ダンケシェーン」と言って握手をして別れた。このノイシュバンシュタイン城の観光は、今回の旅の大きな目的の一つであり、充分満足できたので帰路の売店で、大きなパネルを記念に求め、ステッカーや絵葉書等の土産品もたくさん買って帰途についた。

フュッセンの街から離れて、帰途のロマンティック街道でベンツを降りてふり返ると、山の中腹にあざやかな城の全景が見えた。潔子も感歎の声を何度も上げていたし、大きな感動を味わったものだ。

人間の業の偉大さは歴史と共に評価され、創業当時よりもかなりの時間を経て、後世の人間が振返って種々の判定を下すのであろうか？　この城も造った当時は、ルードリッヒ王は住民の事や政治には全く無知で、悪評の権化であったものが、城の完成と共にこの世を去り、今日の世界各地よりのツアー客の感動を呼ぶとは夢にも考えなかったものと思う。人は一代、名は末代とはよく言ったものである。

これから有名なロマンティック街道を北に向かってドライブする。道標と地図をにらめっこしつつ、二人でのんびりと旅をして最高の気分であるが、カナダ・アメリカ西部にヨーロッパと仲良く楽しく歩いたことが最高の幸せであり、帰ってきて潔子は常に誇らしげに言っていた。

「私たちはいつも海外旅行は二人きりで、レンタカーで歩くので思いがけない出会いがたくさんありますよ」

ロマンティック街道の「フクロウ」という街から再びアウトバーンに入り、ミュンヘンに帰ってきた。ミュンヘンの近くで交通事故を見たが、乗用車が木っ端微塵に砕けていたのが見えたので、改めて速度無制限の結果のすごさに触れたのである。

市内に入り、中央駅のブンデスバーンホテルに行き、一時預けたスーツケースや荷物を受け取ってミュンヘン空港に行く。空港でレンタカーをドロップアウトして、ルフトハンザのカウンターでフランクフルト行きの最終便を申し込むと空席があり、あと三十分で出発とのこと。食事をする間もなく機内に乗り込むと、フィンガースポットに弁当がワゴンにたくさん置いてあったので、潔子が買おうとしたら、お金は要らないサービスだとのことで、弁当をちゃっかりと四つも持ってきたと言って喜んでいた。

◯フランクフルトとライン下り

フランクフルトまで一時間もかからずに到着、空港よりタクシーで予約してあったドイツの名門ホテルの「フランクフルタ・ホフ」にチェックインした時は午後十時過ぎであった。名門ホテルに泊まりながら弁当の中身は味も良く、量も多いので充分なディナーであった。結局、一度もホテルのレストランに行かずじまいだった。

翌日、朝七時過ぎに起床、昨夜仕入れた弁当で朝食を済ませてフランクフルト中央駅まで近いので、商店街をぶらぶら歩いて散歩する。駅のホームに出ると、ちょうど列車が出発する時間だったのでそのまま飛び乗る。

マインツまでは二十分くらいで到着、駅でタクシーを拾ってKDケルンの乗船場を言ったら直ぐに分かった。ライン河の水量は多く、アルプスの雪解け水をたっぷりと含んで流れており、客船も二千トンクラスの大型船であり、一等船室は空いていた。日本からのツアー客がたくさん乗っており、船内アナウンスは、フランス語・ドイツ語・英語に続いて日本語でツアーコンダクターの声がした。

「〇〇ツアーのお客様はケルンで下船しますので云々」

船が出発して、二時間半くらいすると有名な「ローレライ」の岸壁が近づいてきたのである。

船のスピーカーから「♪なじかは知らねど〜　心わびて…」のメロディと共にドイツ語の案内放送があり、甲板に出てみて驚いた。何とローレライの岸壁に「ローレライ」と日本語のカタカナで大きく書いてあるではないか。こんなにまで、日本人の観光客がたくさん訪れているのかびっくりした。

スイスの登山鉄道の駅のトイレにも「便所」と書いて指の絵があったし、全くここまで来て日本語に出合うとは思わなかった。

船内の売店に売っている品物も、日本人客相手の物が多く、フジフィルムから始まって地図や説明書は日本語のものばかりに、化粧品の「ニベア」まで置いてあった。ローレライを過ぎて一等船室の食堂でランチをとり、二等室の大広間へ行くと、ドイツ人がジョッキでビールを飲みつつ、アコーディオンの演奏が始まると大合唱が始まった。そして男女で踊りだし、船の揺れも手伝って皆陽気に歌い踊り続けていた。

コブレンツで下船し、二人で駅まで歩いてゆき、途中スーパーのような店で潔子がさくらんぼを買ってきた。見た目は悪いが、食べると甘味があってうまかった。コブレンツの駅のホームでケルン行きの列車を待つ間、さくらんぼの種子を吹きながら、

「これからどこへ行くの?」

「ケルンの大聖堂を見にいくんだよ」

「そこには何があるの」

「この大聖堂はヨーロッパの中でも有名な建造物だよ」

列車がケルンに向かって進行していると、はるか前方に大聖堂のドームが遠くに見えてきた。ケルンに着いて潔子がラーメンが食べたいと言い出して、周りを見まわすと中華料理店らしき店が見えたので、早速入ってみると客が誰もいないので尋ねると、OKの返事。

オーダーはカラー写真のメニューを見て、私は焼き蕎麦、潔子はラーメンらしきものを頼むと、潔子の注文は八宝菜のようなものだった。味は結構いけるので満足だったたし、立派な店構えにしては料

金が安くて大助かりだった。大聖堂の中はパリのノートルダム寺院と同じで、ステンドグラスの綺麗な輝きが印象的に見えたのである。

時刻表を見ると、ちょうどフランクフルト行きの特急が入って来る時間だったので、ケルンの滞在は三時間くらいできりあげて帰路に着く。

日本を出発してから、もう十日以上も経っているが、毎日変わったところで珍しい体験をして歩いているので、二、三日程度の旅の感覚しか湧いてこない。そろそろ家が恋しくなってきたので、フランクフルタ・ホフの部屋よりランダムに家に電話をすると、午前四時だとのことで子供に悪い悪いと言いつつ、潔子も済まないねの一点ばりで、とにかく二人で仲良く留守番をしてくれることを祈るのみである。

これでヨーロッパの旅も終わりであるが、フランクフルトの空港にきて、初めて帰路が南周りであることに気づいたのである。何とフランクフルトを午前十一時に出発して、トルコのイスタンブール、アラブのクエートを飛び、現地時間夜中の午前一時過ぎにパキスタンのカラチ空港に着陸、ここで燃料を給油し、機内の清掃をするのにドアを開けたら、むっとした蒸し暑い空気が機内に入り、インド人のような清掃員が入ってきた。

座席は空席が多いので、二人分を一人占めにして横になって眠れたので楽だった。さらに中国の昆民を飛び、午前八時過ぎ香港に着陸、ここで一時間休憩なので免税売店で種々の買い物をして荷物がいっぱいとなった。

午後三時過ぎ、十五日目に無事成田着、勤続三十年と結婚二十五年の銀婚記念の旅は終了した。

会社の規定で勤続三十年を迎えると、一週間の休暇と記念品が貰えるのだが、正直言って営業部門に働いていると、一週間の休暇や有給休暇をとって海外旅行に出かける人はほとんどいないのである。

私は以前より、仕事はきちんとやり、規定の休暇は遠慮なく取ることに割り切っていたが、やはり上司や、本社からさんざん「嫌味」を言われた。

最近は営業部門の人でも、かなり積極的に休暇を取って夫人同伴で出かける人が多くなってきつつあるようだ。

ある時、海外から「貴殿のお蔭で私も家内と旅行しています云々」と、便りを貰ったことがある。

最近では、会社の規定が進歩して、移動で管理職につくと、半強制的に「キャリアブレーク」と称して、一週間の休暇を取らねばならないこととなったそうだ。

心臓の手術

社員の健康管理上、会社では年に二度春と秋に健康診断をやっている。

昭和四十七年の秋、名古屋支店勤務の頃であるが、検診で心臓の調子に異常があるので注意されたいと宣告された。自覚症状もなく、今までに身体の異常を感じた事は全くないし、検査のミスであろうくらいに簡単に考えていたのであるが、今から思うと、この時、私の心電図を見て心臓疾患を指摘した中京病院の内科医の判断が正しかったことに敬意を表したいと思う。

当時私は四十歳で男の働き盛りであり、合併新会社の営業課長として陣頭指揮をとっていた頃である。麻雀、ゴルフに夜遅くまでの飲食接待が週に四、五回もあり、休日もゴルフに出かけることが多く、もちろん仕事も多忙を極め、会社の業績もうなぎ上りに好調な頃だった。

バブル崩壊後の厳しい現在では考えられないくらいに、交際費を湯水のように使用して、ユーザーの医師や、ディーラーのセールスに対してサービスを実施していた。

心臓の異常を指摘されてから二、三回目の検診の時、強制的に服薬管理が必要とか、精密検査をせよとまで書かれても、何の異常も感じなかったし、多忙な仕事に追われていたので、いずれ暇をみて検査をしようと思って、そのまま時間が過ぎていったのである。

自覚症状の胸痛を感じたのは、それから三年ほど経って、三重営業所長として名古屋から三重県の津市に単身赴任を始めた頃であった。寝ていて、夜中に突然胸が苦しくなり、目が覚めて二、三分もすると平常に治まるような事が二カ月に一度くらいの頻度で発生してきた。当然、会社の検診で表現は異なるが、心臓の疾患が考えられるので注意されたいと言われたのである。

ここでも薬を処方されて、加療が必要といわれたし、胸の痛く苦しい状況は、さらに夜から、昼起きている時にも感じることがあった。

静岡へ転勤となり、単身赴任の連続であり、この頃よりニトログリセリンの携帯を強制されるようになり、服用したことはなかったが、外出や旅行の折は必ずポケットに入れていた。

昭和五十五年、四十八歳の時、初夏のむし暑い日に、潔子が急に乳ガンの宣告と同時に、静岡日赤で右乳房の切除術を施行したのである。潔子本人もショックだったが、私も大きな衝撃を受けたし、子供たちも動揺して、今までの我が家の平和が崩壊するような雰囲気につつまれた。

とにかく一家の中で、突然女房に寝つかれると大変である。ましてやガンと宣告されて、私も精神的に大きな打撃を受けたし、連日の病院通いで心労がそのまま心臓に大きく影響して、ついに私も胸痛の発作でダウンしてしまった。

私は三日間会社を休み、絶食して家で静養した結果、順調に回復したが、潔子の手術後の経過は簡単にゆかず、それから約三年間、東京の築地ガンセンターに通院することとなった。その結果、とにかく潔子の乳ガンは全治して元気になったが、私は何と九月になって再び転勤で、今度は埼玉県の大宮市に単身赴任となったのである。

妻が乳ガンの手術をして、私が心臓発作で休んだりしているのに、三カ月も経たぬ間であり、また単身赴任の移動を命ずる会社に対し、私は全く嫌気がしてきた。鼻糞くらいの昇格でおだてられて、生木を裂くような転勤をさせる人事に対して腹が立った。

今から考えると、本社に呼ばれて、T部長より「新任地でもしっかりやってほしい云々」と言われたことが、我が家の倖せをバラバラにしてしまったのだと思っている。この時つくづくサラリーマンの悲哀を感じたし、思いきって退職しようかとも考えた。

昭和五十五年十月、東京都内に下宿していた長男と一緒に、大宮市の盆栽町に借り上げ社宅のマンションで生活するようになった。

関東支店次長職は管轄範囲が広く、新潟・長野・栃木・群馬・茨城の五県に八カ所の営業所があり、管内を支店長と二人で分担しつつ出張することが多く、一カ月の八割を出張ばかりのホテル住まいであった。

週末の金曜の夜はほとんど静岡に帰り、月曜の朝一番の新幹線で、東京・上野経由で大宮まで出勤する、いわゆる、金帰月来の大変疲れる仕事であった。

当時はまだ、上越・東北新幹線もなくて、新潟までの特急「とき号」で四時間半くらいかかった頃である。金曜日に新潟で仕事を終えると、新潟空港よりジェット機で羽田まで飛び、東京経由で帰宅したものである。

月曜の朝一番の「こだま号」は、当時六時三十分が始発であり、潔子がいつも早く起きて暖かいご飯を作ってくれて、静岡駅まで送ってくれたし、金曜日の夜も駅まで迎えに来てくれたが、夫婦揃って働いているような気持ちで、潔子のひたむきな支えを大変有難く思っていた。

時として土曜日に会社の行事があり、金曜日に帰宅できず、今週は帰宅せずに社宅でがんばろうと思っていると、電話がかかり、

「お父さん、半日でも良いから、帰っておいでよ」

私は洗濯物をかかえて駅に向かったものだ。

新潟・長岡・長野・松本・水戸・土浦・宇都宮・前橋の八営業所に訪れて、営業会議や取引先への

表敬訪問に、ユーザーの病院施設や医師会幹部等への挨拶廻りで、年末などは大忙しだったが、私は極力静岡の自宅に帰るようにしていたので、単身赴任と言っても月に最低でも二、三度は帰宅していた。

関東支店に来てからの検診でも、心臓が悪いと言われ、出張の折もニトロを忘れずに携帯していたのであるが、二、三年経った頃、出張先で宴会や、飲酒接待等があると、時折胸が痛むことがあり、舌下錠のニトロを服用するようになった。ニトロを口の中に含んで、舌下で自然に溶けるまでに一、二分ほどかかるが、暑い時に冷たい水を飲むような速さで胸の重苦しさが寛解するので、次第にニトロを多用するようになってきたし、投薬された薬もできるだけ飲むように心がけていた。

関東支店の事務所が大宮から東京の池袋に移転した頃から、胸の重苦しさが朝と晩に一日数回感ずるようになってきた。

胸痛があっても、数分から十分くらい座って静かにしているとそのように元気になれるので、循環器系の薬剤を飲んだり飲まなかったりの不規則な治療を続けながら、そのままにしていたのである。

ヨーロッパに潔子と二人で旅行をした時も、ドイツのアウトバーンで生ビールを飲み、痛い思いをした事と、会社の二木氏夫妻と四人で北陸にドライブした時、金沢の兼六公園の坂道を歩いていて、胸痛に苦しんだことや、最も好きなゴルフで、夏の暑い時に倒れ、途中で止めたり、寒い冬に胸痛を感じてプレーを中止したこともある。そのほか、雨の激しい折に、ズブ濡れになって途中の売店まで車に迎えに来てもらったりと、たくさんの人に迷惑をかけつつ、何とか治まるだろうと甘く考えていたのである。

池袋のビルに越して、事務所が二階なのでエレベーターに乗らず、歩いて出勤していたが、三月になって胸痛が次第に激しくなり、二階のデスクに到達すると激痛に襲われて座り込むようになった。こんなにまでなっても、まさか心臓を手術するほど悪化しているとは夢にも考えなかったのである。

三月の本決算が終わったら、しばらく長期休暇をとって循環器科に入院して保養すべきだと考え、支店長に相談して四月に帰宅してK総合病院循環器科に入院した。医長のH医師は診察するなり、すぐに入院して心臓カテーテルをしますとのこと、手術承諾書に印を押せと言われておどろいた。

早速入院して、私の同室のほかの三人は皆入院して半年とか一年と長い人ばかり、しかも病状は悪くなるばかりで、検査ばかりやらされてうんざりと言っているのだ。そして、何と夜昼問わずに看護婦がバタバタ廊下を走り回っているので、何があったのだと聞くと、患者さんが帰られましたとばかり告げられて、私は大ショックを受けたのである。

ここでは治療でなく検査ばかりやって、その挙句は死ぬしかないのだろうか?

私の担当のS医師は、最近精神科より循環器科に転属になったとか、エコー検査をやっている時に同僚の医師から、

「彼はいい所のボッチャンだからなあ」

と言われているのを聞いて、ますます不安感が強くなった。

「心カテの安全率はどれくらいで、失敗死亡率は?」

と思い切って聞いてみた。すると彼は、
「大丈夫ですよ、失敗死亡率は一パーセント未満ですよ」
と平気で答えたが、私は後で、この医師の実験台にされるのではないか…、されるか…、されまいか
と自問自答したが、結局、心カテを拒否して承諾書を渡さずにいたのである。
それからが大変であった。恐らく病棟のナースステイションでは不良患者のレッテルが貼られたの
か、日々の扱いが明らかに雑になってきたのである。トイレに入って軽い胸痛を感じたので、ベッド
に戻ってからその旨を看護婦に伝えたところ、いきなり心電図をとられてストレッチャーに乗せられ
て、全く問答無用の扱いでカテ室に送り込まれ、心カテをやらされた。
このカテの方法が今でも手抜きと思っているくらい、腕よりチューブを入れて、痛み止めを加減さ
れたのか、私が痛いと訴えても知らぬ顔であり、終わってから二日くらい腕が痛くて困った。更にカ
テ終了後は、病室に戻されず、そのまま集中治療室に収容されて、外部との遮断で全く孤立無援の状
態に置かれてしまったのである。
その間全く私の意志は無視されて、家族との面会も一日数分に限定される始末。抵抗したら、完全
に殺されるような恐怖を感じて、私は素直な患者になる事を心がけた。この集中治療室の扱いは何と
十日間以上もかかり、とにかくこの部屋より解放される事を素直に考えて、医師や看護婦の指示を遵
守するように努めたのである。
このままこの病院にいたら殺されるような気持ちが大きくなり、個室に移った折に病院を抜け出す

決意を固めた。潔子が面会に来た時にその旨を話して、日頃ゴルフで親しくしていた開業医のK医師に依頼状を書いてもらい、隣のS病院心臓外科に転院をすることとした。

カテの結果はH医師がフィルムを見せてくれて言った。

「貴方の病状改善は、我々内科の医師や、薬で治せる段階でなく、バイパス手術が必要と思うので、当院にも血管外科がありますから検討してみてください云々」

カテの時の扱いが、もっと人間的な思いやりとか、近代医療の常識であるインフォームドコンセントがなされていたら、このような決断に至らなかったと考えている。どちらにしても手術せねば、この症状が改善されない事が判明しただけでも、一応H医師には感謝しなければならない。

私は早速サンダルをはいたままで、K病院を無断外出して、隣のS病院に訪れたのである。S病院の診察はK病院とは全く異なっていたし、医師の話を聞いていて納得できる内容であった。最も自分を満足させた事は、

「この病院でたくさんのゴルフ好きの方が、手術をされて元気にプレーをされていますよ」

この一言で私はすべてを、ここにお任せしようという気持ちになったのである。好きなゴルフがまたできるようになれるなら、今からでも直ぐに手術してほしいと思った。

種々のたくさんの検査と準備をして、手術日の前々日、執刀医のS医師より家族四人を集めて説明があった。

「宮田さん、奥様、何でも良いから聞いてくださいよ」

私はすかさず言った。

「月曜の朝より手術ですから、先生は日曜日はゆっくりと静養されて、体調を整えてメスを握ってください、私の希望はそれだけです。

いくら先生から手術のことを聞いても、素人の私には分かりませんので、すべてを信頼してお任せ致しますので、どうぞよろしくお願いします」

S医師はニコニコと笑って、大丈夫ですよと言ってくれたのである。このS医師は心臓の手術のベテランで、働き盛りであるが、私を最も尊敬させたことは、約一カ月間の入院中に毎日朝と晩に病室に訪れて、声をかけてくれたことである。

手術は朝九時から開始されて、私が麻酔から覚めて手術が無事終わったことを告げられたのは何と午後五時過ぎであった。八時間もの間、何の苦痛も感じないで、朝八時過ぎに、病室で家族や親類の見舞い客十名くらいの見守る中で麻酔をかけられてから、全く分からずじまいで、ほんの一瞬の時間であった。

こんなに簡単に手術がされるとは思っていなかったので、近代医療技術のすばらしさに驚いたものだ。私自身は看護婦から麻酔の注射をされて、全く意識不明となるのに十秒もかからぬくらいであり、八時間もたっているのに、S医師より耳元で、

「宮田さん終わったよ」

と言われたのが麻酔をかけられた直後のことのように感じられたのであった。

それからどれくらいたったのだろうか、潔子と子供たち、そして義兄や義姉たちの酸素テントの中をのぞき込むのがかすかに分かったが、口を利くこともできずボーッと見えた程度で、また深い眠りに落ちていった。

ＣＣＵに運ばれてからも、どれくらいの時間がたっているのかさっぱり分からず、二十四時間ベッドに寝たきりで、とにかく手術が始まってからＣＣＵを出て、個室に移るまでの約一週間は、患者というよりも全く物体的な扱いであり、すべてを任せたきりの状態で経過していったのである。

個室に戻るまでの回復は人によっては十日も半月以上もかかるらしいけど、私は好調に推移していったようだ。特に煙草や酒の好きな人は、麻酔効果が少ないとか、痰のきれがよくないので苦しい思いをすると聞いていたので、その点でも全く無関係で、順調に回復していったのである。もちろん、家族が交代で病院に通って種々の面倒を見てくれたことも大きな支えであったと思うし、大病を患った割にあまり大きな苦痛を感ずることもなく順調に完治出来たのは、やはりたくさんの人の大きな支えと、私の運の良さというか、先祖や神仏に深く感謝の気持ちが湧いてきたのである。

日頃は無意識に過ぎていた事が、大病を患って、改めて家族の絆を強く感じ、たくさんの人の好意を受けて順調に社会に復帰できたと考えている。本当にたくさんの人に種々のお見舞いをいただき、忙しい中を遠路病院まで来ていただいたりで潔子は対応にも大変だったと思う。

手術して半月ほど経った時、Ｓ医師が、

「明日から三日間学会に出張しますので、宮田さんがんばって快復してくださいね」

と言われたので、S先生と三日間も会えないのは少し寂しいな、と思っていたところ、学会に出発する日の朝早くに病室に現れて、

「今から行ってきますから…」

と声をかけに病室に訪れてきたし、三日目の夕刻十時過ぎに来て、

「今帰ってきたよ、その後どうですか?」

と病室に訪れたのには、本当に嬉しかったし、こんなにまでして責任ある仕事をされるS医師の人柄を深く尊敬出来たし、信頼される医師というよりも、人間として立派な人だと感じた。

あれから十五年たって、彼は今このS病院の部長職であり、いずれは院長先生となられるだろうと思う。くれぐれも健康に留意されて、過労とならぬように後輩医師の指導育成に努めて欲しいものだ。

泉町の玉三郎

彼とは昭和五十三年四月、静岡市に転居以来の交流で、四半世紀に近い期間の公私共に深い仲のお付き合いをいただいている。遠い親戚よりも近い他人の諺のように、「石井令三先生」とは家族ぐるみで楽しい交流が多く時として命の恩人のような、お世話になった事もあり、今も大切な私の主治医である。

最近はいつまでも笑顔の可憐な、そして親切な奥様の元子さんと共に、沢山の思い出がありますが、

特に昨年の春は先生と奥様の三人でホームコースの静岡カントリー島田GCに行き、奥様がホールインワンを12番ホールで達成されたのである。

あれから島田GCに行く度に、ロッカールームの入り口に掲示されているゴールデンプレート「石井元子平成十二年六月四日」を眺めるのであるが、私も四十年近くやっていて一度もできない名誉であり、あやかりたいと念じている。

石井先生とは特に麻雀でのお付き合いが多く、今もずっと毎週一、二回は、彼の自宅の麻雀ルームで牌を打っている。

彼は非常に個性が強く、所謂ガンコ親父のような面もあり、麻雀での負けた時の悔しがりようは全く手がつけられないくらいであり、今だに家族も仲間もピリピリしているのである。最近は六十歳も半ば過ぎて、幾分おだやかになられたが、若い時は大負けすると電動卓を壊してしまうくらいに荒れて、一カ月もゲームを中止する事もあった。

先生は浜松市の郊外のご出身で、家族・親戚に医師が多く、長男と次女は市内の病院勤務、長女は東京の大学病院勤務であり、同じ市内に住む義兄のS先生は現在医師会長であり、この先生とも時折卓を囲むことがある。

毎年秋には、競馬のG1レースの菊花賞・桜花賞より、あやかって「菊桜会」と称してゴルフコンペを開催され、たくさんの取引先のセールスや幹部に、メーカーのMRも参加して盛大なイベントである。

先生が自作の毎回の予想表は大変珍しい企画で、「令チャンの一票」は、三流週刊誌の下ネタ情報より小まめに切り抜いて貼り合わせたものであり、文部省が見たら眉をひそめる事必定であろう。

「腰が定まらず、バイアグラの飲み過ぎ」

「ベニスからローマまでナポリ娘を総なめの、イタリア旅行帰り」

「肝心のモノは柔らかいが、スコアは固い」

「節操のない女好き、変態テクニック」

「69はスコアでなく、あの時のスタイル」

とにかく、この先生はユーモアにあふれ、常に周囲は爆笑の渦が巻き、仕事の合間や休日は常にレジャーを楽しまれる方である。休日の競馬は時折馬場にも、奥様や仲間と泊りがけで出かけられるし、家にいる時はハイヴィジョンとインターネットで競馬レースを楽しんでおられるようだ。

私から見ると、レースを楽しむような馬券の求め方で、時折私が本命の一本買いを依頼すると、素人はそんな買い方が健全だと言われて、一笑に付されている。

最近は奥様と二人きりで、時折海外旅行も楽しまれて、仲睦まじい夫婦である。

私の妻が闘病で末期的状況に陥った時、思いあぐねて先生に相談に行ったら、診察時間中の忙しい中をわざわざ他の病院まで同行されて、専門の医師を紹介いただいた時は、本当に嬉しく思ったし、心のやさしい人だと感じたのである。この時の先生のご恩はいつまでも忘れない暖かい思い出である。

そのほかにも私は今までに何度も先生の親切な扱いに触れたことがある。

ある時先生より麻雀をやろうとの誘いがあり、夕刻先生の家に伺ったが、その日は朝から心臓の調子が悪く、静かに休んでいた時なので、麻雀を始める前にお願いして心電図を測定してもらった所、突然先生の顔が険しくなり、

「とても麻雀なんかやる状態でないよ、すぐに入院しなさい」

早速タクシーを呼んでくださり、市立病院に連絡をして入院の手配をしていただいた。何とこの時より緊急入院して十四日間も病院のベッドに貼りついたのであるが、お蔭さまで、無事に退院できたのは幸運だったと思うし、私にとって先生は大切な存在である。

冬、時折風邪を引いて体調がすぐれぬ時は、休日でも看護婦なしで一人で診察して薬をいただいたり、とにかく今までにどれ位診ていただいたか分からぬ位なのに、一銭も払った事がなく、先生の親切に甘えているのである。私が大病を患っても、長生き出来たのは、先生のお蔭に負う所が多大であると常々考えている。

最近あんなに強くて、上手だった先生の麻雀とゴルフが少し低調になったのは、年のせいかと考えたり、奥様の応援で、

「私の主人を勝たせてね」

と言われるまでもなく、以前の先生に戻ってほしいと願っている一人である。

先生の「還暦祝いの会」を開催した時、百人近い関係者が集まり、盛大なパーテーを開き楽しい行事も盛り沢山であった。メーカー関係者も、遠くは東京や大阪等に転勤された方も、わざわざ出席さ

泉町の玉三郎こと石井令三先生（後列左から三人目）の還暦祝の会で。左端が筆者

れて種々の演出をされて、会の盛り上げに一生懸命だった。

この時、浜松に住む医師の兄さんが出席できなくて、代わりに祝辞と六十年の思い出をテープに録音して、会場の全員に聴いてもらったところ、大変な感動を呼び、全員がシーンとなって、私も感銘を受け涙腺が湿ったものである。

「令三がもう六十歳になったのか、おめでとう。

昔お前が貧しい家に親父の診察代を集金に行ったときだが、玄関で請求書を見せただけで、その家のあまりの貧しい状況を見て、お前はだまって、集金してきた金の一部を逆に手渡して、『早く治って元気になりな』と言った。

帰って親父が言ったなあ、

『バカだなあ、集金に行った人間が逆に金を渡してきたのか』

だが親父はそれきりお前を責めなかったよな」

私はこの話を聞いて、先生の暖かい人柄は子供の時に芽生えていたのだろうと思った。

一度だけ奥様と奥様の仲間でゴルフに出掛けた時、しきりに奥様が、

「麻雀の接待はいやだけど、うちの主人はわがままなほうかしら、宮田さんから見てどう思います?」

私はすかさず言った。

「先生は男の道楽の酒と女とギャンブルの三つの中、ギャンブルだけだから、それぐらいはガマンですよ。

しかもギャンブルと言っても、家計が傾くようなものでなく、ゴルフや競馬は奥様も一緒だし、麻雀だけは不治の病気と思って、あきらめて一生懸命に看病する気持ちで上げてくださいよ」

私の妻が時折言ったけど、

「石井先生は好い男だから、もてるでしょう?」

「酒は一滴も飲めないし、女との噂も全然ないし、一生懸命働いて、一生懸命遊ぶし、何よりも家族を大切にする点は、模範的亭主だと思うよ」

前述の「還暦会」の折の祝辞に、仲間の医師よりエピソードが披露された。

ある時飲み屋のママさんが、体調悪く診察に訪れたので、検査してから消化器のレントゲンを撮って様子を見ましょうと言われ、数日後に再び診察に来た時に、

「先生、私のレントゲンの結果はどうでしたか?」

「胃の中の状態は、アンタの顔よりも綺麗で大丈夫だよ」

するとこのママさん何と聞いたのか、帰ってから「バカにしている」とプンプンだったとか、人間何よりも健康が第一であり、この診断の結果については満足すべきであると思う。

麻雀のお誘いは、ほとんど自分から直接電話をかけてこられるのであるが、

「泉町の玉三郎だけど、お父さんの都合はどうかね? 急患が三人いるので、至急往診をしてもらえないかね?」

といってくる。

大負けした時に
「もう止めた、しばらく足を洗うことにする」

帰るときに仲間三人が玄関を出て、

「当分お誘いはないだろうな」

「先生も還暦過ぎて年かなあ」

だが三日もすると、

「敗者復活戦をやるから今日やろう」

とくる。

とにかくいろいろと楽しいエピソードが多い先生である。

私が楽しい人生を過ごすには、私自身の健康が大切であると同時に、この先生の存在も大きな影響があると常々考えているし、いわゆる命の恩人でもある。先生の患者さんは高齢者の方が多く、親子三代に亘り家族ぐるみでホームドクターとなっている人がほとんどである。

たくさんの外来患者の診察の合間に往診もしたり、医師会の理事としての仕事に、時としてテレビの健康番組に出演したり、講演会等も気軽に応じられ、最近は老人介護関係の業務もこなし、スケジュールはいっぱいである。いつまでも健康で、公私共にがんばっていただきたい大切な先生である。

走れ　令三さん（走れコータローの曲）

一、遠州育ちの　　令三さん
末っ子五郎ちゃんの　　ガキ大将
おれの言う事　　みんな聞け
聞かぬやつらは　　ぶっとばす
走れ　走れ　　令三だ
令三走るど　　皆などけ
走れ　走れ　　令三だ
マージャン　　競馬をひたすらに

二、還暦すぎて　　　　たそがれて
頼りになるのは　　　おかあちゃん
仲良く一緒に　　　暮らそうよ
手に手を取って　　共白髪
歩け　歩け　　令三ちゃん
母ちゃんと一緒に　ヨタヨタと
歩け　歩け　　令三ちゃん
おむつをしても　がんばれよ

人間の悩みと迷い

昭和五十八年三月、関東支店に赴任して三年目の時である。いつものように金曜に帰宅して土日を我が家で過ごして月曜の早朝に出勤する単身赴任の生活中に大変な事件が発生したのである。月曜日の夜中、午前三時半過ぎ、突然電話で起こされて驚いた。

「宮田さんのお宅ですか？　私共は埼玉県の川越市の北部のT診療所ですが、息子さんがオートバイで転倒されて入院していています。生命に影響はないですが、重傷ですのでお知らせします」

早速自家用車で潔子と二人、現地に向かって家を出発した。東名高速道路を走りつつ横浜辺りまで来たときに、ラジオのスイッチを入れて七時のニュースを聞いて、さらに驚く事が報道されたのである。

「明治製菓の医薬品である消化酵素製剤の効果について、厚生省に提出されていたデーターが同社の研究陣と大学の研究室との間で捏造されたことが判明し、調査当局の手入れがあった云々」

月曜日の朝一番のＮＨＫのニュースで報道されたのだから、反響の大きいことは現在でも同様である。もちろんＴＶでは、社長がマスコミの攻撃に会って、会社全体としての対応が大混乱に陥った。ユーザーの病院や医師からの問い合わせや、卸からの照会等、全く蜂の巣をついたような騒ぎになってきた。

こんな大騒動の時に愚息が事故を起こして収容されるとは、全く公私共に混乱して判断するのに困ったのであるが、とにかく九時過ぎに会社に連絡をとることにして、そのまま嘉彦の収容されているＴ診療所に向かって走り続けたが、途中九時ごろに会社に電話を入れた所、案の定社内はてんやわんやの大騒ぎである。

こんな非常事態に個人の問題なんか、どうでも良いと言わんばかりの返答であったが、十時過ぎに診療所に到着して様子を見ると、確かに腕の骨折や傷がかなり重症だが、歩行は可能なので潔子に後を託して、私は直ぐに会社に向かった。お昼頃に会社に着くと、支店長も課長も客先や営業所との対応で電話にかかりきりで、本社よりの指示もほとんどあいまいであり、私の入社以来初めての不祥事の体験であった。

本社ではマスコミの追及が厳しく、しつこいので種々の噂が流れて、夕刻七時のニュースでは社長や幹部が「申し訳ない」の一点張りで、日本中の笑い者の代表の如く扱われ、信用失墜の極みであった。

このような事が起きるのは社内組織のたがが弛んでいるからだとの、マスコミの追及から始まって、会社の体質が云々とまで言われてこの問題はこれから一週間くらいは、マスコミの攻撃材料となり、週刊誌にも種々悪評が書かれ、株価も暴落するばかりだった。

大体この種の事件は内部告発が火種となり、大きく扱われるのであるが、過去にもこの種に近い事件が起きて、内部の社員が疑惑の目で見られたことがあり、私も一時期に疑われて大迷惑を被ったことがある。支店長会議の資料がマスコミに流れて、社内は疑心暗鬼の渦となったのである。

ある日突然、本社T部長より電話がかかり、

「君の支店にスパイがいるかもしれないので注意しろよ」

「そんな馬鹿なことは考えられません、私共の支店管内では誓って無実です」

支店長が精一杯の返答をしていたことを鮮明に覚えている。当時の私の上司であるW支店長は、本社の信頼も厚く、業績も他支店に比し抜群の状態であったのに、こんな馬鹿げた事を言われて彼は情けない会社だと嘆いていたのである。

嘉彦は歩ける状態だったので、潔子が付き添って直ちに新幹線で静岡に帰り、県立総合病院の整形

外科に入院させた。事故で診療所に収容され、応急処置を受けた際の手当てが不備で、結局指を切断し、腕の骨折もステンレスで補強せざるを得ない状況となってしまった。

「身体髪膚父母に受く、敢えて毀傷せざるは孝の始めなり」

全く親不孝な息子を持ったものだし、すべては自分の不徳としか諦めざるを得ないと思うが、息子はこれからの一生、ずっとこの傷を背負ってゆかねばならぬこととなってしまった。私は当初よりオートバイに乗る事は反対だったし、アルバイトをしてオートバイを買うことも納得できないことであり、息子は私に隠れるようにしてオートバイに打ち込んでいたが、このケガで止めると言っていたのに、ケガが治るとまた乗り始めたのである。

馬鹿は死ぬまで治らない、私はつくづく自分の子育てについて自信が持てなくなったのである。潔子も息子が手におえない存在となっていることに困り果てていた。どうしてこんなに意志の弱い、勝手な人間に育ったのだろうか? 現代の子育ての難しさを知らされた事件であると同時に、会社の状況もあまりにも無知というか、情けない状況になっていることに対し、公私共に悪い事が重なってきた運の悪さに、これ以上巻き込まれたくない気持ちでいっぱいだった。

ある日帰宅した時に、潔子が占いに見てもらったらと言うので、思い切って二人で近所の神社と、評判の高い占い師の所に出かけて観てもらったところ、

「当分いろいろなことがあるけど、大した事はないから、慎重に対処すればこれ以上の不幸は訪れないので、とにかくすべてに自重してください云々」

と言われた。

何となく分かったような、分からないような話だったが、別に占いでなくても、当たり前のことなのだから、と考えた。それまでにも占い師に観てもらったことが過去に一度あった。名古屋支店から三重営業所に転勤を命ぜられた時に、会社を退職して自営か、別の仕事につこうかと考えて悩んだ末に、潔子と二人で観てもらいに行ったのである。

「会社を辞めても良いし、転勤しても先が良いよ、とにかく口が重要だから話をする時には慎重にしなさいよ」

占い師がズバリと言ったのである。

非常に具体的で分かりやすく、この占い師の所は大変な繁盛で、長い行列を作って皆待っており、私たちも三時間くらい待たされて、わずか五分くらいで見立てが終わり、

「おいくら払いますか?」

「いくらでも気持ちだけで結構です」

潔子は封筒に千円入れて渡していたが、ざっと計算してもお客さんは一日に最低でも百人位、一カ月に三千人と見て三百万円の収入だ。とにかくよく当たるとの評判で、かなり遠くから、社会的に高い地位の人までやってくるとか言っていた。

とにかく人間は迷い、悩む動物である。東条英機総理が第二次大戦の引き金を引いた時に、房総半島の山奥の占い師の所に出かけて、

「この戦争はどうなるか?」

と聞いたそうだ、

「必ず負けるが、将来は立派な国になる」

とズバリ答えたそうである。

彼は怒って、

「この占い師は非国民である、言っている事はでたらめだ」

と言って立ち去ったとか、
この占い師は「寝釈迦」と呼ばれて、有名な人だったそうだ。お寺の御堂に寝たきりで、いろいろと相談にのって、ズバリ言うそうだ。

この寝釈迦に、潔子が私と結婚する前に、ある日会社を休んで聞きに行ったそうである。「結婚すると大変幸せになれるが、親兄弟と遠く離れることになるよ」

と言われて、私と結婚する意志を固めたそうである。

第四章　レクイエム（鎮魂歌）

記録

平成三年九月二十五日水曜日午前十一時二十八分、私の最愛の妻潔子は三十二年間の結婚生活を終えて、五十五歳の生涯を閉じてしまった。

K総合病院婦人科病棟の一室で数カ月の闘病生活の後、厳しいガンとの戦いに敗れて永遠の眠りについたのだが、彼女は発病してから死に至る数日前まで、苦しい日々の記録をノートに克明にメモしていた。

メモの内容は後で詳細に、可能な限り正確に記述するが何度読んでも、臨終の近づいた頃の文面になると、涙が出て止まらなくなる。時折家で夜遅くに、このメモを見ることがあり、去りし日を偲び、何ともやりきれない寂寞の時を過ごしている。

妻は結婚当初より婦人雑誌の付録についている家計簿を、三十数年間ずっとつけていた。その家計簿の記入欄には単に出納だけでなく、簡単なコメントもあり種々の事柄についての記録も書かれている。従ってこの記録とコメントは、入院するまでは家計簿から、入院後はずっとベッドの枕元に置いてあったノートから引き写したものだ。

このノートには、私はもちろん、長男や長女も時折筆を加えている（「　」の中）。この記録を見て私の胸を打つのは、種々の記録とは別のページに、妻が死期をさとってから残したたくさんのコメントである。それこそ乱筆で誤字だらけだが、私には妻の気持ちが充分読み取れるのである。

発病

昭和六十三年十二月末、昭和天皇が体調悪く数カ月も輸血の連続で、連日のマスコミで報道されていた頃である。年末休暇を利用して妻と二人で浦安のディズニーランドに出かけた。私は初めてだったが、妻は以前婦人会の旅行で来たことがあり、二度目ということもあって奮発してヒルトンホテルに宿をとった。

この時が妻の病気発見の発端であり、帰途の車中で妻がぼそりと呟いた事を、私が軽く考えていたことが、取り返しのつかぬ結果になってしまったのである。

妻は近くのK総合病院婦人科に診察に出かけたのだが、私は何にも知らされておらず、診察結果を聞く段階になって、何となく気の進まぬ方向に向かっている予感がしていた。

妻は十年くらい前に乳がんの手術をしていたが、その時も、初診が終わって癌告知をされてからあわてて手術病院を変更し、さらに最終診療は東京築地のがんセンターにお願いした経過がある。乳ガンから子宮ガンに転移はしないと言われており、十年前の乳ガンとの関連はないものと思っていたが、問題は別の方向に向かっていたのであった。

昭和六十四年が明けて間もなく、昭和天皇が崩御され年号が平成元年となった。

妻の症状は、正月早々の説明では軽度で、簡単な処置で済むようなことだったので、早期発見で良かったと思い込み、本人共々安心して医師にお任せしようと考えていた。

二月の中旬に手術をすると言われ、術日が近づくにつれて主治医の説明が猫の目のように悪い方向に変わるので、何となく不安がつのってきた。手術が終わって、執刀したK主治医の対応を見て、私は何ともやりきれない気持ちにさせられた。とても、お世話になりましたとは言えないような説明と態度に、目の前が真っ暗になるような気分になった。

この時の悪い予感が二年後に的中するとは、夢にも考えなかったが、数年前に敵前逃亡のようにしてこの病院を去って、現在元気になった自分と比較し、自分の対応も、もう少し毅然とすべきであったと悔やまれる。あの時、病院から抜け出すのに一生懸命に働いてくれた妻に対し、心から申し訳ないと考えたし、今でも悔しく思っている。

医源病

子宮全摘出の手術が終わって、日毎に順調に快復して、一カ月後には退院の運びとなる頃は、暖かい春が近づいていた。妻は月に二度のペースで術後のアフター等で通院しており、日常の家事もできるようになった。このまま完全に復帰できると思い、ガンから解放されるものと信じていたが、通院の都度、未だ完治してない云々と説明され、ついにある日、強烈なレントゲンの照射治療を実施すると宣告された。

結局このレントゲン照射が妻の命取りになったと、今でも私は考えているし、信じている。レントゲンでガン細胞を死滅させると同時に、尊い妻の命をも奪ってしまったのだ。

一年数カ月間、痛みと苦しみで妻が悩んだことを考えると、私は怒りと不信で悩み続けた。種々の疑問を感じたので、主治医に申し入れて今までの検査資料と所見を借りて持参し、乳癌の時対応してもらった東京の築地がんセンターを訪れた。今回は妻も同道して婦人科部長の診察で、資料を検討してもらった。

後日訪れて結果を聞き、私はア然として口が利けなかった。もう手遅れで、本人の希望することは何でも聞いてあげてください云々との冷たい説明に、奈落の底に突き落とされる気持ちとなった。

この説明の時、雅子も駈けつけて一緒に聞いていたので、帰る時のエレベーターの中で二人共言い知れぬ思いが込み上げ、身体中から力の抜けて行くのが分かった。私は目の前が真っ暗になり、空しい空間を感じていた。本人の望むことを…、何でもしてあげられる…、のは何だろう?

去年、結婚三十年の記念に計画して、中止したアメリカ旅行を今のうちなら実行できるかもしれない。帰宅後、病状については妻には正直に言うわけにゆかず、何も知らせず、時間と共に元気になれるよと言って、去年中止したアメリカ旅行を今年は出かけようと言った。

市内の親しくしていた開業医のH先生に相談に行き、レントゲンと骨シンチの資料を見せたところ、当分リハビリでお世話はするが、大変厳しい状況ですよと言われ、

「数カ月の間に出かけるなら良いけど、進行が始まると一年も持ちませんよ」
と言われて、愕然とした。

アメリカ東南部の旅

平成二年六月、長男の妻から餞別とともにメッセージカードをもらって旅に出たのである。

「待ちに待ったアメリカ旅行、私たちの分まで楽しんできてください。
お母さん　無理をしないでね　お父さんお母さんのこと　お願いします
素晴らしい旅でありますように　心からお祈りしております
気をつけて行ってらっしゃいませ。

賀子」

アメリカン航空のジャンボ機が成田を出発し、アメリカ南部のテキサス州ダラス空港に向かった。約十二時間のフライトで、現地時間午後三時半に到着。潔子の腰の状態を案じて、雅子が成田空港の出国ゲート近くまで見送ってくれたが、痛みを訴えることもなく、無事にアメリカ南部に第一歩を踏みしめた。ここで約二時間のトランジットで、再びアメリカン航空で南部フロリダ州のオーランドに向かう。

今回の旅で、最も注意しなければならぬことは、潔子の足腰が痛まないことであった。前もって航空会社に連絡してあったので、機内から出るフィンガーに、ボランティアの車椅子が待機しており、快適な通行ができたので大変助かった。

六月中旬のオーランドは日本の夏と同じで、日中は三十度を越す暑さであり、道行く人は皆短パンにTシャツスタイルである。

朝食後、早速ディズニーワールドに出かけて散策する。

潔子はあまり自由に歩行ができないし、気温も高くなり汗が吹き出すようになってきたので、エプコットセンターの入り口で車椅子を借り、モノレールに乗ってディズニーワールドを一周して全体を観察する。とても一日や二日で全部を見ることは不可能の広さだ。

十三年前に、やはり二人で訪れたロサンゼルスのディズニーランドと全く同じ遊園地があったので、そこはカットして、MGM映画のセットスタジオと当初に覗いたエプコットセンターの近辺で時間を費やすことに決めた。

私はスラックスをはいていたのでなおさら暑く感じたのだが、潔子が車椅子を押されて楽しそうにしているのを見ているだけで、汗の出るのも忘れてずっと車椅子を押し続けた。

小さい子供を連れて来たら、さぞ喜ぶだろうと考えたし、アメリカ人のほとんどは子供連れで、ご主人が子守りの主役のようにしていたのは日本と異なった風景であった。

暑い一日と時差の疲れもあり、ホテルに帰るとシャワーを浴びて一寝入りに眠り込んでしまった。

翌日はワシントンに向かっての移動日。オーランド国際空港から中継地のノースカロライナ州のローレイに向かって離陸した。

ローレイで乗り換えて、ワシントンのダレス国際空港に到着した時は、既に夕刻が迫っていた。今夜のホテルはワシントン・ラマダ・ルネッサンスホテルです。街の中心にある中級ホテルだが、静かな住宅街に近くて交通の利便も良かった。ゆっくりと休んでフロリダの疲れを癒し、今日はワシントンの市内観光である。

最初にUS国立アーリントン墓地を訪れて、若くして暗殺されたジョン・F・ケネディの墓に参り、有名な「国があなたに何をしてくれるかでなく、あなたが国のために何ができるかを考えてみよう」という大統領就任の時の演説の名言を刻み込んだプレートがあり、参拝者は皆このプレートを眺めてケネディの遺志を偲んでいた。

リンカーン記念館で偉大な大統領の坐像を見てから、国会議事堂の大天井の絵画を見て正面の広場で二人並んでスナップ撮影をする。広い敷地でたくさんの観光客がいても、あまり目立たないところと思っていたのに突然、

「宮田次長ではないですか?」

驚いて振り向くと、会社のしかも同じ管内の長岡営業所の伊藤君がいた。会社の全国から選ばれた優良社員のアメリカ研修旅行のグループ二十数名の一員として来ていたのである。地球は全く狭いものだと感じたし、確かにこの研修旅行は聞いていたが、まさかここで会うとは夢にも思はなかった。

彼らはニューヨークから来たと言っていたが、私たちはこれからニューヨークに向かうのだよ、と言ってその場は別れたのである。

タクシーでポトマック河の桜並木を見てから、ホワイトハウスに行き、ここでもスナップを撮ってからスミソニアン博物館に行き、アポロ宇宙船を眺めていると、今度は潔子が明治のグループを発見した。

「また会ったね、せっかくだから三人で写真を撮ろう」

末期ガンを宣告された潔子と最後の二人旅
（ワシントンにて）

帰国して、会社で宮田次長が奥さん連れてアメリカ旅行をしていた云々とすぐに評判となった。何と奥さんは車椅子で、次長は押していたとまで言われていたのである。

二時頃に遅いラ

ンチをとり、ユニオン・ステーションに行き三時発の特急「アムトラック」に乗車する。

外は三十度近い暑さで汗をかいていたが、湿度が低いのであまり不快感はなかった。ところが列車に乗ると、コンパートメントの中は極度の冷房でものすごい寒さである。二人共セーターにレインコートを着てぶるぶるしていると車掌が来て、「ソーリー・ジャストモメント」と言って冷房をストップしたのでようやく楽しい気分になった。ニューヨークまでに二カ所停車して、近づいた頃に長いトンネルに入り地下鉄のように、ずっと市内の地下を走り、ペンシルベニア駅に到着した。

ニューヨーク市内観光

列車内で充分昼寝をしたので、ヒルトンホテルにチェックインしてから、早速ブロードウエイの「いろは」という寿司店に行った。店の客は八割が日本人である。幕の内と松花堂弁当をオーダーしてビールで乾杯。やはり日本の味が懐かしいので、二人共いい気分になってホテルに帰った。

帰りのタクシーのドライバーは、ターバンを巻いて大きな八の字の髭を生やしたインド人のような男だったが、愛想も良く潔子も安心して乗っていたが、私はホテルに到着するまで少し不安だった。

今日も雲ひとつない好天で、摩天楼の観光には最適である。長い間世界一のノッポビルだった「エンパイアステートビル」は今でもニューヨーク観光の大きな目玉であるが、現在はマレーシアのツインビルがトップで数メートルの差でシカゴ市のシアーズタワー、そしてこのエンパイアビルと三番目になっている。

私が生まれる一年前に完成したのだから既に六十年の歳月を経ていることとなる。六十年も前百二階の展望台までエレベーター七十三台を備えて、三百八十メートルの高層ビルは、日本は今だに及ばない。百二階の展望台でニューヨーク市の東西南北をゆっくりと見回してから、下に降りた。

再びタクシーで最南端のバッテリー公園に行き、自由の女神像見物の船に乗る。船が出ると、潔子が腰が痛むと言い出したので船の上から女神像を見て、下船せずにそのままとんぼ帰りで帰着した。

昼食は中華料理店に入り、潔子の好きなラーメンと海老チリに炒飯で満腹だった。午後からセントラルパークの近くのメトロポリタン美術館に行く。たくさんの日本文化の古典に触れ、いつ頃、どのようにしてこんなものがここに来たのか不思議であったが、誰にも聞くこともせず、感動を秘めて美術館を出た。

タクシーでホテルに向かっていると突然デモ行列に会い、通行止めに遭った。ドライバーが十分くらい待ってくださいと言うので、車の中でデモ行進の様子を見物することにした。何とこのデモはニューヨークでの年中行事のひとつになっている、同性愛ホモの人権を訴えるデモだそうである。男同士が手を組んでおとなしく行進している様は、日本では考えられない異様さを感じる。帰国してこの事が週刊誌に大きく取り上げられているのを見たが、改めて性の解放がいずれ日本にも上陸するだろうと思った。

ニューアーク空港の国内線ターミナルに行き、十時発のバッファロー行きに搭乗、一時間のフライトでニューヨーク州の国境の街「バッファロー」に到着した。

ナイアガラの滝観光

バッファローからナイアガラ観光のバスで約一時間半、ナイアガラの滝の近くまで来て国境の橋を渡ってカナダに入国。滝の見えるレストランでポテトとハムステーキのランチをとる。ポテトがとっても旨いのでお代わりを二度もした。

滝の落下する地点でエレベーターに乗り、映画『ナイアガラ』でマリリンモンローがロケをした地下トンネルをくぐり、滝の裏の猛烈な水しぶきを浴びてくる。さらに下流のボート乗り場で、「霧の乙女号」に乗っていよいよ滝壷に向かって突進。

めざすは正面のカナダ滝だが、左横に規模の小さいアメリカ滝が見える。乗船の時雨合羽を貸してくれたが、滝が近づくにつれて次第に水飛沫が激しくなってきた。滝の下五十メートルくらいから先は、まるで台風のようでバケツで水をかぶせられるような状態で、目も鼻も開けていられないほどであった。船が反転して帰路についてようやく、水飛沫から少しずつ解放されたのである。霧の乙女なんてやさしい名前の船だが、実態は嵐の水浸し号であった。

翌日は再びバスでトロントに向かう。オンタリオ湖の辺りをドライブして約二時間、湖上に見えていたCNタワーが目前になり、トロントの街並みが迫ってきた。CNタワーの直ぐ近くのシェラトンセンターホテルにチェックインした時は、午後六時過ぎで夕闇が迫っていた。

アメリカ大陸を一週間で南、東、西と渡り歩くのはいささか強行軍であるが、二人共比較的に体調も良く、食欲と睡眠が充分なので元気に予定どおりに歩いている。

現地時間午後三時過ぎ、西部の砂漠地帯の賭博の不夜城「ラスベガス」に到着した。何と外の気温が摂氏四十度で、焦熱地獄の暑さである。フロリダも暑かったが、この暑さは暑いというよりも痛い感じがする。ところがアムトラックの車内と同じく、室内は極度の冷房でTシャツに短パンでは寒くて震えるくらいである。アメリカ人は皮下脂肪が厚いので、あまり温度感が敏感でないようだ。ほとんどの人は短パンにTシャツスタイルで平気で歩いている。

私は以前十一月に来たことがあり、その時は郊外に雪が積もっていたのであるが、砂漠の気候は寒暖の差が激しいものだと感じた。

ラスベガス・ヒルトンホテルにチェックインして、早速市内に出かけると、たくさんの人が新しく開店した大型カジノホテルのエクスカリバーに向かっているので、その行列についてゆくと、ディズニーランドのようなホテルで、たくさんのゲーム場があった。潔子とルーレットをやってみたが、一時間に五十ドルほど負けてしまった。

潔子がグランドキャニオン見物に行きたいと言うので、明日のセスナ観光を申し込んでホテルに引き上げた。

今日は全米の気温が高く、メキシコ州や隣のアリゾナ州では最高気温四十七度まで上昇したと、テレビのニュースや新聞でも大きく取り上げていた。新聞を見て、当初気温が華氏で表示されていることに気づかず、気温百度とか七十八度と書いてあるので驚いたが、それにしても摂氏四十度以上の気温は生まれて初めて経験したので体調もだるい一日だった。

翌日、グランドキャニオンの観光をしてから夕刻に、再びテキサス州のダラスに向かって移動である。アメリカ大陸の広さを充分満喫できたし、国力の偉大さに感歎の極みであった。

とにかくすべての点でスケールが大きいのに驚かされたし、合理的にしかも繊細にアメリカ社会が動いていることを痛感した。

ダラスで一泊し、ケネディ大統領の暗殺された市内のビルや、郊外のラスコリナスの民間都市の見学等をして、都心の大きなショッピングセンターで土産物を買ってホテルにチェックインした。

あっという間に十日間が過ぎて、アメリカの旅も終わった。

最も心配していた潔子の体調も良く、無事にスケジュールどおりに歩けたことが幸せであった。もうこれで潔子との旅も終わりだと思うと、何ともやりきれない思いがして、喜んでいる潔子の顔を見て、人の世の無情（無常）を強く感じたものである。

ダラスからアメリカン航空のビジネスシートで、十三時間半のフライトは無事に成田に帰着した。雅子が心配して迎えにきてくれたが、潔子の元気な様子を見て大喜びをしていた。

このまま病気も治って、元気になってくれれば良いのに…。

病魔の接近

アメリカの旅行があまりにも順調だったので、この際北海道にも行こうかとの話から、奈良の叔母に伝えると二つ返事でOKである。雅子の学友が勤めている旅行社に申し込んで、稚内から礼文・利尻を飛行機で訪れる予定で費用を払い込んでから、市内のH先生に相談に行ったところ、

「とんでもない、病状の進行が早いので大変なことになるから、自宅でケアをすることも充分に注意してくださいよ。本人が一番苦しむことになりますから、入院の準備を常に考えていてください」

あまりの厳しい宣告に、私はア然として口が聞けなかった。そして何とH医師の予言通り、それから数カ月経って、潔子の不眠と食欲不振が頻繁に始まってきたのである。

平成二年七月、アメリカから元気に帰国して一カ月ほど経った頃、東京の阿佐ヶ谷で蓮見ワクチンというガン治療の専門診療所が有名だとの情報で、ある日二人で診察に訪れた。通常の病院や医師から見放された、全国からのガン患者がたくさん早朝から診察を受けに来ており、もちろん健康保険が通用しない自費診療である。

大きな社会問題となった、日大の丸山ワクチンと同様で、数パーセントの治療効果を信じて、医学会のデーターもなく、いわゆる加持祈祷の類いの効果しか期待できないものであるが、溺れるものは藁をも掴む気持ちで、何とか潔子の病状が好転することを念じ、この診療所を訪れたが、診察の結果

はほとんど不可能であるとの宣告をされたのみであった。それでも、「万に一つの効果でも本人が希望するならば、ワクチン療法をやってみましょう」とのことで早速採尿してワクチンの提供を依頼したのである。

H医師は、この趣旨を快く引き受けてリハビリの都度ワクチンを投与してくれた。夏も過ぎて一進一退の状況から、次第に自力での歩行が困難となってきた。

潔子は家の中でも杖をついて歩くようになり、骨シンチ・CTスキャンの結果もますます悪化の傾向をたどっていったのである。

闘病のメモ

平成二年七月から約一年と二カ月間、潔子の厳しい闘病生活が始まった。この苦しい戦いを、潔子は死の直前まで毎日記録に止めていた。その間、たくさんの人から薦められたガン治療を、できるだけ取り入れて実行してみたが効果は芳しくなかった。

前述したように、潔子の病状は単なるガン疾患でなく、K総合病院のレントゲン照射による治療との戦いでもあった。従って、これらのたくさんの人の善意に基づく治療は、すべて一時的に気持ちを和らげるだけで、病状は日に日に進行するだけであった。潔子の闘病メモを見るたびに、何もしてやれなかった悔しさと強い怒りを感ずるのである。

七月十一日

午前中身体がだるく、横になって休む。

午後市内のH医師のリハビリ治療を受診する。

午後八時過ぎ血便が少し出る。

七月十四日

朝起きて痛みがないので気分が良い。

主人・雅子と三人で口坂本温泉にドライブ。

九時過ぎ少し痛むので坐薬を挿入する。

午後三時過ぎH医師のリハビリ治療。

七月十九日

朝、足が痛く歩くことができなくなる、左足を床につくことができず、一日中寝て過ごす。

下剤と漢方便秘薬を三錠飲む。

午後、H医院にてビタミン剤とぶどう糖を点滴注射する。

痛み止めと蓮見ワクチンを注射。

七月二十一日

朝、左足付け根が痛く、右足のむくみがひどいので一日中寝て過ごす。

夕刻、H医院にて蓮見ワクチン注射、温シップマッサージ。

七月二十五日

昨日から身体が熱っぽくてだるい、腰の痛みは日増しに痛くなるようで不安。

H医院で痛み止めと蓮見ワクチンを注射。

左足つけ根の外側が痛い、ヅキヅキするようで、すねの外側が痙攣起こして激痛が走る。

七月二十八日

朝六時半、トイレに起きて、どこも痛くないので嬉しくなり座敷を一回りしてみる。

七時、痛みがきそうで鎮痛剤を二錠飲んだが痛み出した。七時半坐薬を入れる。

左足のつけ根が、もめん針が肉の中を行ったり来たりするようにヅキヅキする。

左腰の肉がケイレンして上から見ても分かるのではないかと思うほどブルブルして痛む。

足のヒザのお皿がガクガク痙攣して激痛。八時半におさまる。

一人で激痛の治まるのを、耐えて待つしか手の施しようがないし、激痛の時は外の風がそよそよと当たっても痛い。

七月三十日

台風の前で天候が悪く、気分もすぐれない。

朝八時半、K病院へ骨シンチのため、嘉彦に付き添ってもらって行く。

十時半、坐薬挿入。午後一時K病院へ行きシンチのレントゲンを撮る。

八月四日

朝までぐっすり眠れた。八時に坐薬を入れる。

左足を床につくこともできないくらい痛く、歩くことがだんだんできなくなるようで悲しい！

〔七尾高時代の同級生の石田六之丈君が、東京からスギナ茶を送ってくれたので、早速飲み始める。友人はありがたいものであり、石田君のご好意に深く感銘を受けたし、潔子も大変喜んでいた〕

八月八日

午前中H医院に行き蓮見ワクチンとビタミン剤・ぶどう糖を注射する。

午後K病院にて骨のレントゲン二枚撮り、骨関節炎でしょうとのこと、安静が大切とのことで松葉杖をつくようになる。

〔八月に入ってから病状は一進一退を繰り返しつつ、次第にレントゲンで照射した腰から足にかけての激痛に頻繁に悩まされていた。

不眠と血便も多く、気持ちがいらいらしているのが自分でも分かるが、自制できず一人で家にいる時は悶々としていたようだ」

八月二十日
夕方六時頃から左腰が痛み、鎮痛剤を飲む。

昨夜は一晩中眠れず、イライラして自分でもうがまんができない。お昼過ぎ一時間半くらい、鳥肌立ち、ふるえが強烈にきて熱三八・八度になる。

私の病が長引くため、家中が肉体的・精神的に疲れてしまい、皆の気持ちがちぐはぐになり寂しい！

主人と嘉彦が奈良の叔母のことで言い争いになり、家中がもめている。

九月一日
朝から痛みなくうれしい。気分が久しぶりに晴れる。パーマをかけに行くも痛みなし。
夕方六時頃から痛み出して寝つかれず、神経が昂ぶり一晩中眠られず、涙・涙…
午前一時、黒くべっとりとした血便が出る。

九月十三日

午前三時頃、生まれて初めて眠っていて便をもらす。その後朝まで熟睡できた。びわの葉のシップが良いとの話で、今日から始める。

気分的に効いたのか、一時的に痛みが消え、気分も爽快でよく眠れる。

九月二十日

午前五時半、足が痛く坐薬を入れる。午前中はゆっくりと眠れる。

午後三時半、鎮痛剤を二錠飲む。何となく胃の調子が悪く、さらに左足が痛い。ガマンできず坐薬を入れる。

左足の太い骨が痛く、一瞬であるが激痛に耐える時はつらくて涙、涙…になる。

眠れない時は種々のことが脳の中でぐるぐるまわりする。

死ぬ時は一人、心は親の所へ帰るのだろうか?

十月三日

左ヒザが痛く午前九時に坐薬を入れる。

夜十時半頃から、主人と言い争いになり「何に腹を立てて怒っているのか分からない」から始まりトコトン言い合いとなる。

眠れず、午前三時頃睡眠薬二錠飲んで三時間ほど眠る。

十月十日

急に寒くなり、腰と足の甲に使い捨てカイロを入れる。痛みが少し和らぐ。

今日からコンニャクシップをする。

鎮痛剤・下剤に睡眠剤の量と頻度が日毎に増えつつ、効果も次第に薄れてきたようだ。

蓮見ワクチンもほとんど効果が現れず、おまじない的に使用していただけである。

十月十八日

〔北海道の小川さんが来訪。一泊していろいろと精神的にアドバイスを受ける。

気分が良くなったのか、痛みは変わらないが快眠・快便の効果があり、特に便通は最近にない好調さであった。

小川さんの持参した「幸塩」は効いたのか無効だったのか分からないが、好意はありがたく思った〕

十一月八日

ここ数日睡眠と通じが順調なので、痛み止めの坐薬と薬を持参で久しぶりで御殿場の富士霊園に二人で出かける。

帰途の車中で、突然便意を感じ、道路の脇で野糞をする。たくさん出てすっきりしたので、痛みも和らいだようだ。

一時的にせよ、久しぶりで心身共に気分爽快になれたので本当に良かった。

〔十一月から十二月にかけての二カ月は、次第に左足のつけ根が痛みを増し、不眠・便秘を解消するために薬を多用していたが、精神的には追い詰められるような気分となり、イライラしているのが分かり、何もしてやれないジレンマに陥っていた〕

左足のつけ根と腰が痛い！　イライラして眠れないし、悔しい。

便がすっきりと出ないので便秘薬に頼るようになった。便が出ると数時間は気分も良いが、夜間は足の痛みとともにイライラがつのり、一、二時間おきに目が覚めて、激痛とイライラが朝まで続き、夜明けになって少し眠気がするので、三十分か一時間くらい熟睡するようだ。

〔私が郡部に出張する時はドライブのつもりで同乗し、気分を晴らすのに連れてゆくようにしていた。特に御殿場の土屋薬局・富士の望月松生堂・磐田の大阪屋さんには時折一緒に訪問していた。

車の振動で足が痛むと困るので、できるだけスピードダウンで運転して、景色の良い所や名所旧跡等も、ゆっくりと見物して歩いたものである。

伊豆半島の亀石峠で、沖の小船の白帆を眺めて、『みかんの花咲く丘』を二人で唄ったり、御前崎の灯台や、富士山麓の樹海近くでそばを食ったり、広い県内のあちこちを散策したものだ。私はこうすることによって、潔子の命が一時間でも快適に長生きしてくれることを祈っていたのである。

帰宅して痛みが少しでも、和らいでくれることも望んでいたが、風呂から上がって就寝する頃になると、やはり毎日のように激痛に襲われて苦しく悲しい時間が続いていた。

潔子の精神力の強さというか、痛みと戦う闘志の激しさに敬服したものである。

リハビリでお世話になっているH医師と時折会って状況を伝えていたのであるが、先生も潔子の闘病姿勢に驚いておられた。

「大変な激痛がありますから、くれぐれもケアを大切にしてくださいね、本人が最も苦しむことになりますから…」

平成三年一月

〔苦しくて、厳しい闘病の連続で一日、一日と一カ月が過ぎて数カ月経ち、新しい年が明けた。

最後通告のような告知をされてから六カ月経ち、新年を迎えてからの症状に変化はなかったが週に一回くらいの割で、痛みもなくグッスリと眠れるので、心身ともにすっきりとするらしい。

このまま奇跡的に全治してほしいし、もしかしてワクチンが効くのかもしれないし、コンニャク湿布、びわの葉温布、スギナ茶とにかく何でも良いから効いてほしい。

一進一退の病状が二カ月、三カ月と過ぎ、一日ごとに寒さが和らぎ、桜便りが聞こえるようになった。潔子の毎日の日誌には、痛い・苦しい、眠れない・イライラする、時として激痛が走り、足全体から腰に至るまで痛く、全身がしびれるような苦しさも感ずる。こんな状況がいつまで続くのか？

といった言葉が並び、最後はいつ頃、どのようになるのか、桜便りとともに不安はますます大きくなった。

H医師の助言。

「あまり家でガマンするといけませんよ、大腿骨の状態はほとんど不能の状況と思いますので、苦しくなる前に入院したほうがベターですよ」

五月十六日

〔闘病日誌も三冊目となり、左側の足と腰が極度に悪化傾向で、ほとんど毎日激痛を感じるようになってきた。潔子は相変わらず、便秘の薬に鎮痛剤、催眠剤にワクチン注射、オリーブ油、ヒマシ油から、麻薬のMSコンチンまでを服用し、さらに坐薬や利尿剤を多用していたが、ほとんど効果がなく、日に日に苦しさがつのってきたようだ〕

気持ちがイライラして眠れず、喉が渇いてヒリヒリするし、太もものむくみは最悪の状態にひどい。足の腫脹がひどく左足のふくらはぎが痛い！

五月十八日

眠れない夜、午前三時半に空が少し白くなり出す。四時半になると雀がチッチッとさえずり始める。五時、周囲の空気が変わる、冷たく透きとうるような肌に少し冷たく気持ちが良い。空が白から薄い水色に変わる。
五時半、太陽の光がうすくほんのりとして、曇り空かと思うと、六時、木の葉が生き生きと、目覚めたように映し出される。
家の白壁が目にまぶしいほどになる、小鳥たちのさえずりが、激しくなりだす。

五月二十三日
夜中から坐薬とMSコンチンを多用するも効果無く、太ももと左足外側が痛く苦しい。腸まで腫れているような気がして苦しい。
午後三時、心身ともに限界となり、K総合病院婦人科に入院。
夕刻、浣腸注入、痛み止めと吐き気止めの注射後、八時過ぎにぶどう糖点滴開始、午後十一時過ぎにようやく催眠剤が効いて眠りにつく。

五月二十四日
左足と腰が痛むので坐薬挿入、点滴を開始すると吐き気がして食欲がない。
吐き気止めの注射をして十分くらいで眠気がする。
「夕刻より気分が良くなり、元気そうだ。食後も吐かず、眠りについたので良かった」

五月二十五日

早朝少し吐く、腰と足の左側が痛むので坐薬を挿入。

気分良くなり一人で洗顔に行く。

朝食と昼食はいずれも半分くらい食べる。

〔午後三時頃、長谷川敬子さんが見舞いに来て、花束をいただいたので嬉しそうだった〕

夕刻、二度目の点滴開始するもスピードが速いので、吐き気が強くて夕食できず。

〔睡気が強く眠ってばかり、起きると吐きたくなり点滴管理の重要なことが分かる〕

五月二十六日

左足のつけ根と腰の筋肉がこわばって動きにくい。

午前七時半洗顔後、ヨーグルト一個食べる、朝食は三分の二くらい残す。

午後二時半頃、永見洋子先生（雅子の英会話）がお見舞いにきてくださり、花束をいただく。

五月二十七日

食欲は少ないが、通じと睡眠は順調で、午後ざるそばを半分食べてぐっすりといびきをかいて眠る。

久しぶりで終日痛みと不眠のいらいらより解放された一日であった。

本当に良かったね、ヒーちゃん！

五月二十八日

今日も気分良く、痛みも少ないので退屈となり、午後から一時退院の話が出て、三時半過ぎに退院帰宅する。

帰宅と同時に、コンニャク・びわの葉湿布で精神的に楽になるが、腰と太ももを動かすと激痛が走る。

腫れも引いていつもより楽になり、気分が落ち着く。

五月二十九日〜三十日

腰と太ももを動かすと激痛を感じる。動くことができないので、寝ていても左足を伸ばすことができず、立膝にしている。

MSコンチン水液を一日数回飲用する。

五月三十一日

〔午後八時五十五分、突然、潔子の悲鳴で振りかえると、寝床の中で潔子が悶え苦しんでいる。

左足つけ根に激痛があり、今までの痛みの中で最も激しい苦しみようだった。この時以来、左足が全然動かせないようになってしまった。

午後十時四十五分、救急車でK総合病院に緊急入院し、直ぐに点滴を開始し、朝まで雅子・弘一君と私で交代に付き添う〕

六月一日

〔午後五時、夕食お粥にあゆの塩焼きとメロン等をおいしそうに食べたが、二〜三時間の間にほとんど吐いてしまう〕

六月二日

午後七時半、清水の堀修司氏（ハワイの山根実恵子さんの弟）が見舞いに訪れ、ハワイの花（アンスリアム）を入れた花束と寿司を届けてくれる。

どうして私のような者に、こんなに良くしてくれるのだろうか、うれしい！

私もこれからは少しの知人でも病に伏していたら、直ぐに見舞うことにする。人様をお見舞いできるようになりたい。

今日は気分が良く、痛みも幾分和らいだようだ。

六月四日

右足の足首と甲のところに少し腫れがあったが、腫れが引いたようだし、左足と太ももの腫れも引き、痛みもなくうれしい。少し膝を持ち上げてみる。

二日後に麻酔科のM医師が麻酔薬のブロックをする旨説明がある。

六月五日

胸と腹のレントゲンを二枚撮る。
左足のつけ根が硬直して痛く、熱っぽく膝が曲がらず痛い。
夕刻より熱が出て、食欲全くなく、夕食は食べられず。
背中が熱くて痒いし、精神的に憂鬱になる。どうしてよいか分からず困った。

六月六日

午後三時から、腰部硬膜外ブロックの処置を手術室にて実施。
時間は三十分くらいだったが、足を動かして海老形になるのに、左足の激痛は今までにない苦しい痛さであった。

六月十四日

午前七時半、坐薬を入れる。気分良く朝食を食べられる。
午前十一時から午後一時過ぎまで車椅子に乗って廊下に出る。
気分良好で十五日ぶりでベッドから離れてみたので何となくすっきりとする。
午後四時A液（鎮痛麻薬）を交換し、夕食を食べるがまずくて食べられない。
左太ももと膝、足首がひどくむくむ。

六月十九日
今日は起きている時間が多く、気分も良かったので車椅子でシャンプー、シャワーをする。

望月さんが再診のついでに寄ってくれた。

冷しそうめんを持って来てくれる。人の心は少しのことでうれしいものです。

それが中々できない私は恥ずかしい。何もお金をかけて大層な品物はいらない、日々使っている物で、小さな物で良い、病院では不自由しているのだから。

六月二十一日
雅子の来るのが待ち遠しい、顔を見るだけでホットする。

Sさん（婦長）という太った大らかな看護婦さんがシャンプーとシャワーをしてくれる。

真心からやさしい言葉をかけ、石鹸で足の指の間まで洗ってくれる。

なかなかできないことで、うれしく、感謝します。ありがとう。

六月二十二日
数少ない友人がお見舞いに来てくれる、こんなにうれしいことはない。
岡山ミサ子・海野伸子・剣持富枝の皆さんありがとうございます。
ベッドの枕元で、今年はナスがたくさんなったとか、きゅうりが大きくなりすぎたとか、たわいもない話だが聞いていて何となく心が休まる。

兵藤春子さんが亡くなったとのこと、婦人会の皆がお見送りしたそうだ。兵藤さんは幸せ、家で心不全で亡くなったとか、前日までマーケットで話をしていた由、こんなに楽に天国へ行けるなんて羨ましい。

手を合わせ、感謝の気持ちでいっぱいとなった。

昼食にとうもろこし、アサリの味噌汁でおいしい。久しぶりで宮田の味で満足、夕食はアサリの汁にきゅうりと葉とうがらし・セロリの味噌、鯵のたたき・桜えびときゅうりのサラダ。

主人と嘉彦、雅子と四人でベッドのお膳で食べる。

家庭の味で何よりうれしい!

弘一さんから、車のエンジンがかからないと聞いて、ブースターさえあれば直ぐに治るものをとはがゆい。雅子に叱られ種々と気をもんだことだろうに、可愛そう。弘一さんゴメンネ、お母さんのために。

六月二十三日
隣のベッドの望月節子さんが三人目の男の子を抱いて退院する。明るくのびのびした三人の男の子と、たくましい母親がんばってね。
今日は嘉彦と賀子で身体をふいてくれる。足の垢をよくこすり出してくれたので気持ちさわやかとなる。ありがとう。

部屋に一人きりになり、主人が十時過ぎまでいてくれる。それぞれに悲しく、寂しいものがこみ上げて二人で泣く。

いつまで入院していればよいのだろうか？

去年の今頃は二人でアメリカ旅行に行って楽しんでいたのに、主人が定年になったら二人静かに家で暮らせるだろうか？

昨日と今日は病院で、家族であり合わせの夕食を食べておいしかったが、早くこの日を家で迎えたい。マーちゃんおいしかったね。

弘一さん、雅子をお母さんがとりあげてごめんなさい、不自由な寂しい一日だったでしょうね。

六月二十四日
午前中ベッドのシーツ交換の時、車椅子でロビーに行き、福井・小野寺（八十三歳）等と五人でおしゃべりをして過ごす。
午後一時過ぎサンアイの大沢さんが寄ってくださる。話を聞いているだけでうれしい。
私と病状のよく似た佐藤さんが杖もなく歩いているが、歩く姿がおぼつかず腰の格好が悪い。

六月二十五日

（千葉市の従兄妹で、橋本芳治氏（平成十四年一月七十七歳で死去）と金子守宏君の二人が、わざわざ遠路を見舞いに来てくれる。

二人には潔子の病気が医者から、年内はもたないと通告されていることを知らせてあり、日頃はぶっきらぼうな人柄なのに、大変やさしい言葉で励ましてくれたので、この見舞いはよほどうれしかったらしい。早速礼状をしたためていたが、この日は今年一番の暑い日であった）

「測候所の記録となる猛暑の日（三五度八分）に、遠路お見舞いいただきありがとうございます。どんなにか暑く、静岡はいやな所だと思って帰られたことでしょう（こんなことはめずらしいのですから）。

ベッドの上で人生を振りかえってみると、私だけが遠いところに住居を持ち、遠い親戚より近くの他人と、隣近所の世話になることの多い日々でした。

無我夢中で子育てと、主人の転勤、子供の結婚と、アッと言う間の三十二年間の年輪が過ぎ、来年は主人の定年退職と、私たちにとって大きな節目の年です。

二人の子供も大学を出て結婚し、それぞれ独立して行けるようになりました。

主人と二人一生懸命に働き、やっと第二の人生を静かに迎えようとした途端に、一人が大病を持ち、全く思いもよらぬことでした。

年だから病気に気をつけるのに、気配りがなさすぎたのかしら…。

残念ですが、今は修理工場でしっかり直して、もう一度元気になりたいと思います。

私にとって畑中（千葉市の本家）はどんなにおいしいご馳走や、素晴らしい部屋のホテルに行くより、一生忘れることのできない心のホテルのように思います。

ベッドに縛られていると、学校へ入学する前と四年生の時の夏の半年が強烈に思い出されます。

あの畑中の家の庭で、畑で、まむしのいる田んぼ、そして田へ行く山道のほとりに咲いていた山百合、セミ、トンボ、ザリガニを取った田んぼ…。

田んぼで皆で昼食を食べたこと、おじいさんと朝露にぬれて墓参りに行ったこと。

八月十五日の終戦の日のことも、私の心に残っています。

思いもよらない懐かしい人の、お見舞いをいただき何よりうれしかったです。

御奥さん（しまさん）のやさしい気持ち、涙の出るほどうれしかったです
お互いに年ですから、楽しい人生を送るように心がけましょうね。

また元気にお会いできる日を、心待ちにしています。

猛暑の厳しい折柄、御身大切にお過ごしください、谷津の『くに伯母さん』に会ったらよろしくお伝えください。

皆々様も身体には充分気をつけてお暮らしください。

遠い所、お見舞いくださいましてありがとうございます。

ベッドの上にて　　　　潔子」

六月二十七日

晴れ、気温三八・三度の猛暑。

主人、北駿薬剤師会ゴルフコンペで酒匂CCに出かける。

昼食と夕食で右手小指と薬指がしびれて、箸でものを挟みにくいのが悲しい。

どうなるのだろう?

午後八時過ぎ、A液交換。

便をした後、お尻のまわりの感覚がしびれてなくなる。便を少しずつ四回もちびり、とても困った。

六月二十八日

朝、賀子さんが味噌汁とおにぎりを作って持ってきてくれる。

午前十時半、白石（美）さんにシャンプーとシャワーをしてもらう。気持ち良くありがとう！　午後一時過ぎまで車椅子にいる。

主人沼津に仕事で行き、その足で横浜の家へ。雅子の義父平野元弘氏が、横浜銀行の専務になられたお祝いを持参する。暑いのにご苦労様です。

早く私も一緒に行かれるようになりたい。

夕刻、雅子が弁当・せんべい類を買ってきて、病院に泊まる。

私のベッドで二人で寝る。母娘の何とも言えないうれしい時間、二人でデパートを散策したいね。

六月三十日
今年一番暑い週にハワイの山根夫妻が来日し、私のところにお花を持ってお見舞いいただき感謝の気持ちでいっぱいです。

相変わらず元気な奥様、羨ましい、一日も早く元気になりたい。

山根夫妻・弘一・雅子・主人と日和亭に日本そばを食べに行く。

お父さん、いろいろと気を遣ってくれてアリガトウ。

七月一日
一番恐れていた便秘、コチコチで固くなる。どうしても出さなければと、脂汗ダクダクでいきむ。看護婦さんといきみ、指で出してくれる。ありがたい。若いのにありがとう大塩さん、嬉しかった。いつもやさしくありがとうございます。

七月七日
午前十時半から午後八時半まで帰宅。五月三十一日に救急車で入院してから初めて約一カ月ぶりで帰宅。
〔脊髄麻酔をしているので、自分では歩行は無理だが、嘉彦と二人で抱き上げて車に乗せて久しぶりで、市内の駅や繁華街をドライブする。

我が家に帰り正直ホットしたようだ。

私が十年近い単身生活から解放されて、定年前に静岡勤務となり我が家に帰った時と同じ感慨であっただろうと思った。

とにかく早く元気になって帰ってほしいと、祈る気持ちであった」。

七月九日
食欲なく、時折血尿が出る。全身がだるくて通じが不順なので、気分がすぐれない。

夕刻、剣持富枝さんがジュースを持ってきてくれる。

実習生の奥山さんがシャンプーとシャワーをしてくれる。足の垢をよくすりだしてくれてうれしい。

お腹がパンパンにかたく、むくむような気がするので一生懸命もみほぐすとオナラが出るようになる。

暑くて寝にくいので氷枕をしてもらう。

七月十三日
午後から岡山さん・八木さん来院、三時間ほど話す。
少し足のむくみがあり調子悪い。
夕食は主人・弘一・雅子の四人でおいしく食べる。

七月に入り暑くなってから、毎朝主人が七時前におかゆを作って持ってきてくれるので、すごくうれしい。

私は幸せいっぱいです。早く自分のためと家族のためにも良くならなければ申し訳ない。

アリガトウ！

七月十四日

午前九時半から午後八時まで帰宅。

素直な気持ちで「南無阿彌陀佛」が言えた。今日は静岡のお盆で、佛様が皆帰宅しているような気がした。

夜、病院に戻ってから、一人一人の亡くなった人々のことが思い出され、手を合わせていた。

北海道の小川さんから電話があったとのこと。きっと私のためにお祈りしていてくれる気がして午前二時までお祈りをしていた。

何があったのか、左足のむくみが楽になりうれしい。

足首も腫れが少なく、一生懸命に動かすようにしたい。

むくみが少なくなれば動きもできるようになる。もう少しむくみがとれるといいのだが何もかも幸せいっぱいで、すべてのことがふっきれた。

主人が仕事をほとんど放棄して、やさしく看病してくれる。

家中が精神的に楽になる。

一番うれしい！

これで、快方に向かいたいと思う。

七月二十日
この頃になると、腰椎の麻薬の点滴使用量が次第に増量されるようになり、左足の激痛で苦しむことはなくなったが、全身の倦怠感や便の通じが悪くなり、気分がすぐれない日が多くなってきた。
午後三時過ぎ、秋山様（ハワイの山根様友人）夫妻がお見舞いに見えて、ネグリジェをいただく。

七月二十一日
〈毎週日曜日に外出帰宅をするようになる。車椅子で病院の玄関まできて、嘉彦か弘一君と二人で抱きかかえてマークⅡに乗せる。家に着いてまた二人で抱えて座敷の中に入る。

家の中で庭を眺めたり、近所の人と話し合ったりして楽しく過ごすように努めたのである。

今日は気分が良いので、向かいの伊藤比呂子夫人が来て久しぶりで麻雀を二回だけやる。潔子がついて二度ともトップであった。

これが潔子の最後のゲームとなってしまった。

「麻雀をやって面白かった…」

最後に潔子が言ったことをハッキリと覚えている〕

八月三日

〔水戸の滝根君から病気と暑中見舞いを兼ねた、丁重なお便りをいただいた。お便りには病気快復の祈願お守りが同封されていた。

潔子は早速ベッドで返事を書いていた。

「夏祭りの花火が夜空を美しく、賑やかに楽しませてくれます。

猛暑の折ですがご夫妻様にはお元気のご様子で何よりとうれしく思います。

先日はお手紙をいただき喜んでおります。

いつの日か、大洗磯前神社のお守り袋の太陽からの後光のお恵みが、私の頭上で光り輝いてくれる事を祈りながら快復を待ちます。

やさしいお気持ちがあればこそ、神社前にて私事にまでお祈りくださったかと思います。

有難く感謝の気持ちで合掌するのみです、真にありがとうございます。

共白髪と言いますが、滝根様とはたくさんの年輪を重ねるお付き合いでしたね。

過ぎてしまえば短いようで、良く考えれば思い出が次から次へと走馬灯のように駆け巡ります。

退職して悠々自適の日々を奥様と過ごされ、新婚さんのようですか？

単身赴任が長かっただけに、人一倍幸せを感じておられるのではないですか、またお話を聞かせてくださいね。

私共もすぐ同じような日がくるのですが不安です。

主人の退社を前にして私が想像もしてなかった病にとりつかれ、夫婦で大病をかかえ情けない思いをしています。

病気をすると今まで老後の設計の中に病ということを考えていなかったものですから老後が不安になります。二人が元気でいれば、少しはゆとりのある生活ができるかと思っていましたが…

お宅さまでは二人のんびり旅の計画でもありますか?

元気なうちに海外の旅をしてください。

乱筆にて遅くなりましたが御礼申し上げます。

奥様によろしくお伝えくださいませ、またお便りくださいね。

酷暑の折、お身体に充分気をつけてお過ごしください。

かしこ」

〔八月中旬から下旬にかけて次第に体調が悪くなり、帰宅外出も八月四日が最後となってしまった。腰椎の注入麻薬の量が次第に増量され、加速度的に悪化してきたのである。

この頃より主治医のK医師の姿はほとんど見えなくなり、Y部長とS婦長の回診が多くなった。潔子の食欲が極度に低下し、ほとんど食べない日が増えてきたようだ。雅子が献身的に看病していたのが詳しく記載されており、婦人会の剣持富枝さんが二、三日おきに顔を出してくださった〕

八月二十五日

〔久しぶりで外出、家の前まで来たが車の中から庭を眺めただけで、ドライブして安部川上流の牛妻付近で鮎の塩焼きを食べ、そのまま市内の駅前通りから新しくなった静岡駅のアスティをガード下の付近より眺めて病院に帰る。

結局これが最後のドライブとなってしまったし、潔子は元気なくうつろな目で街の雑踏を静かに見ていただけであった〕

九月一日

雅子が天使のようで、マーチャンなしでは生きれない。

アリガトウ。

〔雅子は七月頃からほとんど毎週金曜の夜から土・日と静岡に来て、一日は病院の潔子のベッドに一緒に泊まっていたのである。

看護婦さんの大塩さんの名前がよく書いてあるが、若いのにいろいろと親切に面倒を見てくれたようでありがたく大変うれしい〕

九月十二日

午前九時、Tさん・Kさんとで背中のバンソウコウを取り替えてくれる。

十時半、Sさん尿管の交換で少し出血。

午後二時過ぎ、岡山・八木・海野伸子さん来院。

七時過ぎ、中町のお母さん花篭を持って来院。

九時、コロコロの大便が二つ出る。お父さんのいる時でよかった。うれしい、苦しかった。

九月十四日
台風十七号。
朝からお腹がはって便が出ないので苦しい。朝食も昼食も食べられず。
午後三時〜五時、岡山・森竹さん来院、バラの花・栗を持ってきてくれる。
やっと夕食に寿司を五個食べる、車椅子にものる。
夕食後、嘉彦・賀子で足をもんでくれる。

九月十八日
台風十八号。
朝から左足が痛い。午前八時半、痛み止め麻薬を入れる。
昼食、おこわ・戸隠しそばおいしかった。
午後二時、痛み止め麻薬を入れる。午後三時免疫注射をする。

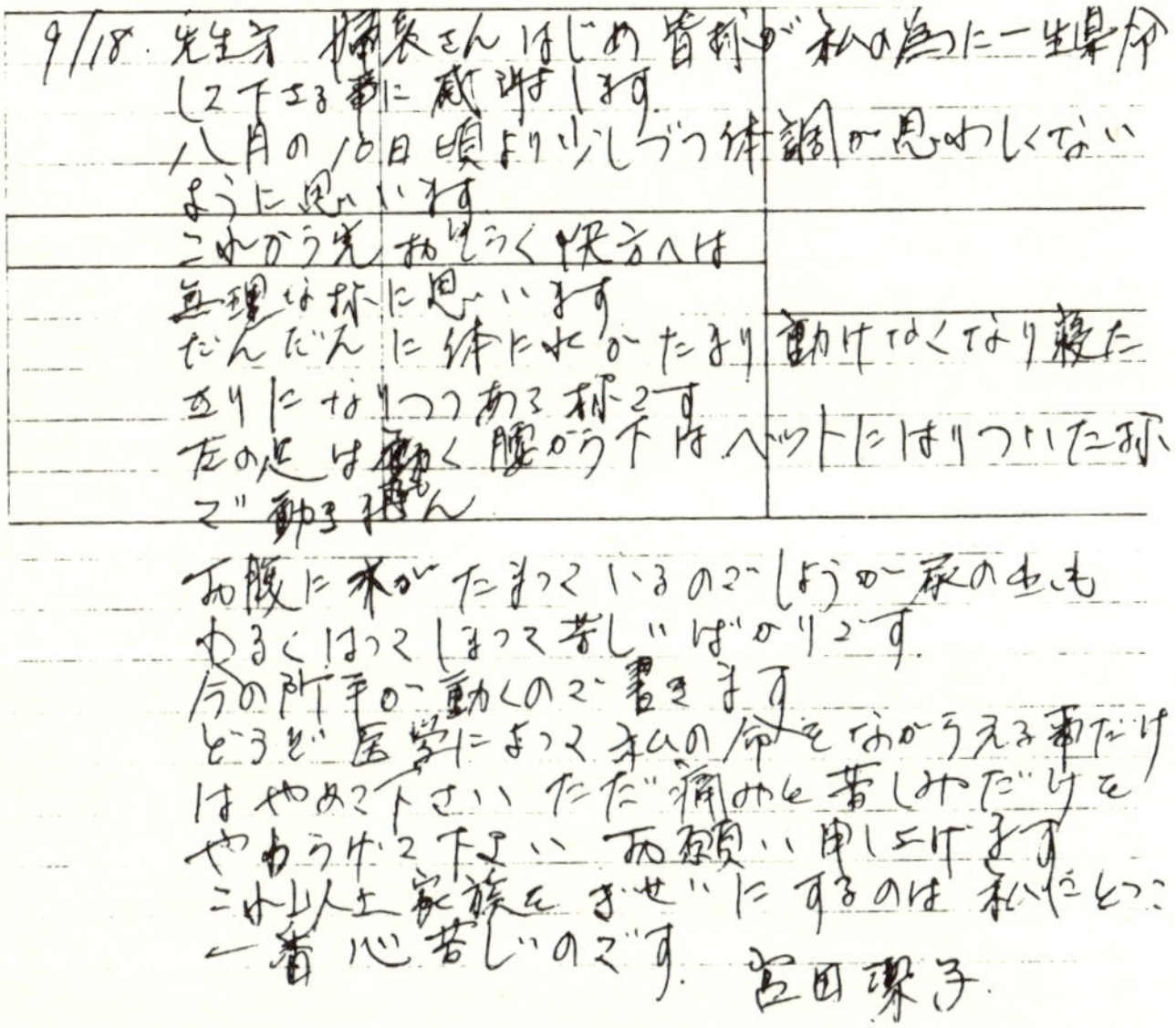
9/18. 先生方 婦長さんはじめ皆様が私の為に一生懸命
して下さる事に感謝します
八月の10日頃より少しづつ体調が思わしくない
ように思います
これから先 おそらく快方へは
無理な様に思います
だんだんに体に水がたまり 動けなくなり寝た
きりになりつつある様です
左の足は全く腰から下はベットにはりついた様
で動きません
お腹に水がたまっているのでしょうか 胃の中も
かるくはってしまって苦しいばかりです
今の所手が動くので書きます
どうぞ医学によって私の命をながらえる事だけ
はやめて下さい ただ痛みと苦しみだけを
やわらげて下さい お願い申し上げます
これ以上家族をぎせいにするのは私にとって
一番心苦しいのです 宮田潔子

亡くなる一週間前に、自分の延命措置をしないでほしいと綴ったメモ

左足が全く動かない。

今日のように気持ちが落ち込むのは初めて、くやしい。

左足がものすごくむくむ、どうにも動かず苦しい。

夕刻、大便が出て少し楽になる。嘉彦始末してくれる。

Y先生へ。

先生方・婦長さんはじめ、皆様が私の為に一生懸命して下さることに感謝します。

八月の十日頃より、少しずつ体調が思わしくないように思います。

これから先、おそらく快方へは無理なように思います。

だんだんに身体に水がたまり、動けな

くなり寝たきりになりつつある様です。

左の足は重く、腰から下はベッドにはりついた様で動きません。

お腹に水がたまっているのでしょうが、尿の出も悪くはってしまって苦しいばかりです。今の所手が動くので書きます。

どうぞ医学によって、私の命を永らえることだけは止めてください。お願い申し上げます。これ以上家族を犠牲にするのは、私にとって一番心苦しいのです。

宮田　潔子

九月二十二日
午後一時半、冷麦を食べる。旨かったが後でタンが出る。、尿の量が極度に少ない。のどがぜいぜいする。

午後二時、便が少し出る。

千葉の椿森の姉が見舞いに来てくれる。

八時頃より何となく苦しい、九時に痛み止め注入する（S医師）。

（午後十時半、私が小便に起きると目を覚まし、

「お父さんまだ起きているの？　もう寝たら良いのに…」

と言ったきりまたいびきを出して眠る。

看護婦が尿量と脈を見に来る〕

九月二十三日

秋分の日。

食欲なく吐き気がする。午後三時過ぎ、みかん・ぶどう・りんごジュースで口を湿らす。

午後六時、気持ち悪くなる。〔苦しむので温めると少し治まる。六時十分、痛み止め坐薬を入れる

（大塩さん）。六時二十五分、痛み止め麻薬注入、（M医師）午前中より二度目。

次回より麻薬注入量を増量しますと言われた。

嘉彦が病院に泊まる〕

九月二十四日

〔午前九時、W医師（女医）回診。睡気が強く、話も途切れがち。十時半、ブドウ糖二五〇CC点滴。

午後一時、隣ベッドの長谷川さん別室に移り個室となる。

婦長回診で、貸しベッドを三日間借りる。

午後から横になり胸水の圧迫が幾分とれて眠りっぱなし。

午後二時A液交換。

最後の夜となったが、二、三度夜中に起きて覗いてみたけど、スウスウと寝ていたので、朝までナ

ースコールを一度も押さずに過ぎたのである。数日前の二、三十分おきに苦しんで起こされた時とは全く状況が異なっていた〕

九月二十五日

九時過ぎ、雅子と賀子さんが来たので交代して帰宅する。家に帰って一時間くらい経った頃、賀子さんより電話がかかってきた。

「お母さんが苦しそうだから来てください」

「どんな調子なの？」

「はっきり分からないのですけど…」

十一時半頃に病室に着くと、既に潔子は帰らぬ旅に逝った後だった。

H医師に告知をされた時も、潔子と対面しても何の感情も湧いてこなかった。

あんなに苦しんだのに、潔子は安らかな顔だった。

雅子が一人で小さな声で、ふりしぼるように、

「お母さん、オカアサン…」

と叫んでいるのが聞こえるだけで、そんなことがあるはずがないと感じていた。

でも、H先生とS婦長さんには何となく挨拶しなければと思い、

「長い間、いろいろとお世話になりました」

雅子がまた小さい声で、

「お母さん、オカアサン…」

私はこの時、なぜかずっと昔に雅子が幼稚園の頃、奈良の叔母の家に遊びに行き、縁側で雅子が叔母の膝の上で歌った唄を思い出していた。

♪オ母サン、オ母サン、オ母サンたらオ母サン
何にも御用はないけれど、何だか呼びたいオ母サン…

第五章　一人旅

南アフリカの旅

ヨハネスバーグ

明治を退職して三年が過ぎていた頃、名古屋市に住む奥田八十三氏から、アフリカの貧困児童に文具や衣類を支援しているが、先方より現地に訪れてほしいとのメッセージが届いており、貴殿も同行願いたいとの依頼を受けた。私も数回、衣類や文房具を送った事がありボランティア活動の一端を担っていたわけで、在職時より親しく交流もあったので、二つ返事で行く事となった。ところが何と彼は今までに一度も海外ツアーは経験なく、今回が初めてとの事である。

奥田氏はフルブライト留学生で沖縄より金沢大学薬学部を卒業しており、英会話が少し可能であるが、旅行経験が少なく、今回の旅はお互いに全く未知の世界に向かって旅立ったのである。

平成六年六月十七日、初夏の雰囲気がただよい始めた頃であるが、目的地の南アフリカは冬に向かう頃で、日本と気候が全く逆となり、オーストラリア南部と同じである。

名古屋空港で落ち合い、キャセイ航空で出発、約四時間のフライトで香港着、空港の待合室で三時間ほど待ってヨハネスバーグ行きのトランジットであるが、待合室の入り口で、

「日本からのミスタ・ミヤタ、オクダ」

の呼び出しである。

何事かと驚いて行くと、座席をエコノミーよりビジネスに交換します云々と言われてチケットを交換された。南ア政府の日本では自民党にあたるANC（アフリカ・ナショナル・コグレス）の指示でビップ待遇である。ここからさらに十三時間を夜行便で飛ぶので全く大助かりだった。

香港を夜中の十一時半に離陸して、ずっと夜ばかりインド洋上を飛び、現地時間の午前五時にヨハネスバーグに到着した。外はまだ真っ暗であり、奥田氏はしきりに出迎えのアフリカ人のソリー・シメラニ氏が来ているか心配していたが、税関ゲートを出た途端に、先方より「OKUDA・MIYATA・JAPAN」と書いたステッカーを持って前面に立っていたので、すぐに分かった。

こんな早朝にわざわざ空港まで迎えに来てくれたシメラニ氏はANCの中堅幹部であり、後で分かったのだがANC総裁よりも、かなり信頼されている存在であった。夜の明けきらぬヨハネスバーグの街を、彼の運転するベンツで滞在先のホテルに向かって走り出した。

英語が公用語なので、断片的な会話で充分コミュニケーションがとれるので安心である。

ヨハネスバーグは海抜千八百メートルの高原台地にあるので寒暖の差が少なく、冬とはいっても雪が降るほどのこともなく、十二度くらいの気温である。人口二百万の大都会で、南アフリカ一の経済都市であり、日本の商社も七十社くらいあるそうで、空港から都心に向かう途中の看板に、トヨタ・ホンダ・ソニー等の文字が大きく見えた。

ハイウェーを走って都心のカールトンセンターの高級ホテル、カールトンホテルにチェックインして、直ぐにベッドイン休憩とする。シメラニ氏は午後から改めて来ると言って帰宅したので、二人共カーテンを引いて時差調整の眠りについたのである。

南アフリカは今年の五月に国民投票により、マンデラ政権が発足したばかりであり、それまでの長い人種差別と、白人政権の崩壊で治安が悪く、数日前にもテロ爆発が空港と街の商店街で発生しており、外出はくれぐれも注意して、一人歩きはせず、夜間外出も絶対に止めてくださいと念を押された。

現在も大きな問題となっていることの一つに、北部隣国のナミビアとボツワナよりの難民の流入と、それに伴うスラム街の誕生がある。住民の貧富の差は激しく、特に黒人街のスラムには連日犯罪が発生して治安の悪い状況が常に繰り返されているのである。

当初、街頭に立っている銃を持った軍人と思って眺めていたが、あれは全部警官であり、時として機関銃を持っていることもあると教えられたのでびっくりした。ピストルくらいではとても鎮圧不能であるとのことで、警官に抵抗すれば即射殺される云々に至っては背筋に冷たいものを感じた。もっとも射殺されるのは、白人系のテロリストが多いそうである。

もう一つ驚いたことに人種差別のすさまじさというか、その名残が各地で散見され、南アフリカの悲劇を強烈に感じたのである。今だに地方の銀行や郵便局、駅等に行くと、入り口が必ず二つずつあり、窓口も人種に従って分かれているのである。この入り口は人間の肌の色で区別されるのであり、パスポートも全く関係なく、夫婦でも色白の人と、色の浅黒い人では別々の入り口から入らねばならず、そのゲートには以前は監視人がいて肌の違いで入場者を区別していた。

もちろん有色人種は人間扱いをされなかったのであり、要は色が白かまたはそれ以外とはっきり二種類に人間を区別していたのである。私は黄色人種だから、十数年前に訪れたら黒人ゲートからしか入れてもらえなかったこととなる。

奥田氏は色が浅黒いから、当然黒の入り口から入らねばならなかったね、と言って二つに分かれているゲートを眺めていた。

また、どこに行っても乞食がたくさんいて、子供を連れた乞食もかなりいたので、奥田氏が早速買い物をして釣り銭を乞食に渡すと、

「今後はやめてくださいね。切りがないし、五体満足なのに働かないで乞食をしている人がたくさんいるので、政府も困っているのですから」

とのことで、どこに行っても同じ問題があるものだと思った。

夕刻にシメラニ氏がホテルに来て、再び空港に奥田氏の娘夫婦の瓜生君夫妻が来るので迎えに行くとのこと。何とアメリカのフィラデルフィアに在住中で、ソリーが国連本部に南ア代表として勤務していた時に知り合ったとか、奥田氏は名古屋で南アよりの留学生を支援してボランティア活動を続け、娘さんの瓜生夫妻は国連にいたソリーとアフリカ難民問題を解決するためのボランティアとして知り合い今日に至っている由、ニューヨークよりアメリカン航空で、エジプトのカイロ経由で到着するので、三人でヨハネスバーグのヤン・スマッツ空港へ迎えに行った。夜十時過ぎに二人が到着し、四人揃ってカールトンホテルに宿泊したのである。

翌日朝、ソリーが迎えに来てくれたので彼の車で自宅に行く。

元ドイツの商社マンのいた住宅の由なれど、広い敷地に立派な住まいで彼が一人で住んでいるとのこと。庭に大きな黒のボクサー犬がいてジッと見ているので、タローを思い出して餌をやると、おとなしくシッポを振って寄ってきた。

これからの滞在中、ずっとソリーのお世話になり、ボランティア活動の実態を見せてもらった。

日本各地から送られた、たくさんの支援物資はほとんど倉庫に山積みとなっていた。問題は運搬する車両がなくて配送手段がないこと。当地のボランティアの方もほとんどが女手であり、手渡しで困っている人々に届けているとのこと。送られてくる品物は増えるばかり。現在最も不足しているのは食糧で、ソリーが案内してくれたタクシー会社社長のムンゴメズラ氏は毎日、四トントラックにパンを仕入れて積み、黒人居住区の「ソエト地区」に直接無料で手渡し配送をしているそうだ。

アパルトヘイト廃止運動の時、このソエト地区では子供を含め、たくさんの黒人が暗殺された。その場所に墓碑が建立されており、皆で花束を捧げて冥福を祈った。たくさんの遊んでいた子供たちが寄ってきて、奥田氏や瓜生夫人も子供を抱いて、日本より持参したオモチャを与えていた。

皆貧しい服装で、はだしの子供ばかりで、ちょうど夕食の時間になっていたので、周囲の貧しい小屋より煙が立ち込めていたが、おかゆのようなものを暖めているような食卓だった。もちろん、電気や水道ガス等の文化的なものは一切なく、いつまでこんな生活が続くのか未来に夢が持てないと感じたのに、子供たちは皆元気で陽気なのは不思議議であった。

「ソエト地区」の訪問は、人間の極地を知らされたような気持ちになった。

首都プレトリアとANC本部

今日は市内の幼稚園や小学校の訪問とＡＮＣの本部への表敬であるが、朝から車で一時間くらいの距離の首都プレトリアを訪れた。先月マンデラ政権が発足して、世界中の報道陣が大統領就任演説を知らせたその場所に立ち、感慨無量の気分にさせられた。

数年前に『遠い夜明け』というドキュメンタリー映画を見ていたので、昨日のソエト訪問と、このプレトリアの国会議事堂や大統領官邸を眺めて、素晴らしい歴史の節目の接点に立っているような気持ちになった。

マンデラ大統領がいれば、当然会うことができたのであるが、国境問題の解決で国外に出張中であり、官邸の門前で記念撮影をして帰途についた。

ここプレトリアは十月になると、日本の桜と同じようにジャカランダの藤色の花が咲き乱れて、人々は花を楽しむようである。ソリーがしきりに十月にまた来てくださいと誘っていたのが印象に残っているし、絵葉書を求めて秋の季節を想像した。

午後から白人だけの幼稚園と、黒人だけの幼稚園に分けて訪問したが、ハイソサエティの学園なので、日本からの送った学用品は無関係であり、皆服装も良く、もちろん子供たちは皆シューズを履いていた。

夕刻、ヨハネスバーグの都心にある高層ビルの一室で、ＡＮＣの総裁と幹部十数名の同席で会見することになり、瓜生君は会見をテープで録音するからと申し出て了承された。楽しい雰囲気で話がはずんだ。とりわけ奥田氏は、南アの留学生が名古屋でお世話になったことや、ボランティアとして沢山の支援物資の配送手配をしたことが、シメラニ氏より紹介され、総裁から力強く握手を求められ、私も両手で彼の手を取って言った。

「コグレチュレイション・マンデラプレシデント・アンドフリーダム・ピースフル！」

翌日、奥田氏は昨日行けなかった小学校と、ヨハネスバーグのボランティアグループに会うので、その前に世界的に有名な列車のブルートレインを中央駅に見に出かけた。

このブルートレインはアフリカ最南端のケープタウンから、十二時間かけて一日一往復の運行で、車内は豪華なシャンデリヤのある食堂車やバス・トイレ付きのコンパートメントまで、車内に入ってソファーに掛けてスナップを撮り続けた。

駅のコンコースにはたくさんの難民がたむろしており、周囲には銃を持った警官がいて、アパルトヘイトの名残りの入り口が二カ所ずつ出札・改札口にあり、人の出入りする所にはすべて昔のままに残っていた。この難民は貧しい地方の生活から逃れてきた人たちがほとんどであるが、一部は隣国からの不法入国者もかなりいるそうである。

ケープタウンと喜望峰

中央駅で皆と別れて、私は一人でヤン・スマッツ空港に向かった。昨夜ホテルのツアーデスクで、ケープタウンのホテル予約と、往復の航空券を手配しておいたので一泊二日のアフリカ大陸最南端訪問の一人旅に出かけたのである。飛行機は南アフリカ航空のジャンボであるが、往復共全便満席で仕方なくファーストクラスで手配をした。

ケープタウンまで三時間弱のフライトで到着、雨期でずっと雲の中を飛び続けて、雲から抜けた途端にケープタウンの街並みが見えたが、着陸寸前の広い範囲にソエトと同じようなスラム街が見えた。ここも貧富の差が激しく、解放後の問題として行政府は苦心しているのだと、臨席の白人の紳士が私に話してくれた。

飛行時間から考えると、ヨハネスバーグからケープタウンまでは、東京から沖縄までと同じくらいの距離があることになる。ケープタウンの街はこぢんまりとした雰囲気であるが、町のあちこちにヨーロッパ調の格調高い建造物が見えた。

ホテルの近くの商店街をぶらついていたら、「カラオケ」と書いた看板が目に付きびっくりしたが、ここは日本からのインド洋の遠洋漁業基地でもあり、南極観測船の最終寄港でも有名な所だから、日本人の来訪はヨハネスバーグより多いかもしれないと思った。

ケープ・サンホテルは格調高く、食事のビュッフェは種類も多く、素材も良くて豪華なディナーを満喫できた。食欲は充分満たされて満腹となり、ぐっすりと寝込んだ。

翌朝マイクロバスの迎えで、喜望峰と市内観光に出かける。乗客は七、八人で、そのうちの五、六人と名刺交換して驚いたことに、世界各地からの一人旅ばかりであった。アメリカ、スペイン、オーストラリア、ドイツ、中国等それぞれ国籍が異なり、東洋人は私と中国人の二人だけで、ほかは皆白人であったが、ほとんどの人は英語が分かるので、バスの乗り降りごとに会話がはずみ、別れる頃には、皆すっかり仲良しグループの集団となっていた。「旅は道連れ、世は情け」とは世界共通の諺であると思う。

ケープタウンの町の大きな背景として、有名なテーブルマウンテンがあるが、残念ながら一度も眺められなかった。雨期は雲でさえぎられており無理なのだ。晴れていれば頂上までロープウェイがあるので簡単に登れるし、喜望峰の遠景が素晴らしいのに、実に残念だが諦めざるを得ない。二度とこの地に来ることもないと思い、遥か頂上の方角を眺めていた。

喜望峰に来てみて分かったのだが、アフリカ大陸の最南端はこの岬でなく、この地点より東方百六十キロの地点にあるアグラス岬が本当の最南端であった。いずれにしても、ケープポイントの岬に立って左がインド洋、右が大西洋であり、常に風雨の天候が多く、昔から船乗りを苦しめたそうである。

この日もインド洋から生暖かい風が強く吹き付けており、ケープポイントに着くまでには、途中でシャトルバスに乗り、その後は岩場を這うようにして灯台のある地点までいった。横風が強く、しっかりと立っていないと転びそうになる。上衣の裾をしっかりと持って、首に巻いたマフラーを飛ばされないようにしてスナップを撮ったのである。

ここの灯台の白い壁には世界各地からの旅行者の落書きがたくさんあった。日本人の名前も散見されたが、中には新婚旅行でこんな所に訪れた人もあるようだ。そしてどういうわけか漢字名の中国人系の落書きが目立っていたように思う。

喜望峰からの帰途「グルート・コンスタンシア」と呼ぶワイナリーを訪れる。ここは南アフリカの二代目総督、サイモンステル氏の邸宅で、現在は博物館となっており、レストランや売店で見学者を受け入れている観光コースである。天候の良い時は標高千六十七メートルのテーブルマウンテンに登り、市内とケープ岬を望むことになるが、冬はほとんどこのワイナリー見学で定期観光は終了となる。

帰途の時間が迫ってきたので皆と別れ、タクシーでケープタウン空港に行く。結局一泊二日の八割が雨天続きで、南端への旅は不満足なものであった。テーブルマウンテンの絵葉書をたくさん求めて眺め、景色を想像するしかなく、若くて健康ならば、もう一度気候の良い十二月から三月までの頃に訪れてみたい気持ちを残しつつ、ジャンボ機は再び往路と同じ雲の中を飛び続けた。

夕刻ヨハネスバーグ空港に帰着し、タクシーでサントン・サンホテルに行く。

今日からホテルが変更になったが、カールトンホテルよりさらにグレードアップした五つ星ホテルであり、団体客はほとんどいないし、ロビーに日本人らしき商社マン風の客が二人で話をしていた。コーヒーを飲んでいる時に耳をそば立てていると、やはり日本語が聞こえたので何となく懐かしく感じたものである。今回の旅で十日間の滞在中に会った唯一の日本人であった。

奥田氏はまだホテルに帰着しておらず、先に部屋に入ろうと思ったが、部屋のキーを持ったまま外出しているので入室不能。やむなく、ロビーで二時間ほど待たされてしまった。

ソリーと三人が帰ってきたので、夕食は市内に日本食レストランがあるので行こうと誘われて出かけたが、店の名前は「だるま」でも、料理は中国料理ばかりで、正直言ってあまり旨いとは思わなかった。

ケープタウンでリッチな食事をして、機内食もファーストクラスの高級料理だったのだから比較にならないのは経済の限界効用であろうか？　彼らは酒とビールを注文して話が弾んでいたが、下戸の私にはいささか苦痛であった。

ネルスプライド

今日から東トランスバール州の州都ネルスプライド訪問である。ここはソリーの郷里であるとのことで、十人乗りのライトバンをＡＮＣの職員が運転し、西部の郊外に向かって午後三時過ぎに出発した。

猛烈なスピードで草原と砂漠のような所ばかりを走るので、風景に何の変化もなく、全く人気の無い所を約五時間かけて、ようやく町らしき所に到着した。その間に一カ所だけサービスエリアがあり、レストランもあったのでコーヒーを飲んで小休止をしただけで、日も暮れて真っ暗闇の中をひたすら走り続けたので、さすがにかなり疲れた。

ドラゴンホテルという名の中級クラスのホテルにチェックインしたが、思いがけない土地への訪問とかなりきついドライブ、さらに夜も更けていたこともあり、シャワーを浴びてすぐに就寝となる。

ここネルスプライドはヨハネスバーグから約五百キロあるそうだ。

翌日朝食を済ませてくつろいでいると、インド人系の女性秘書がやって来て馬鹿丁寧に挨拶してから、今日と明日のスケジュールについて説明し、用件があれば何なりと申し出てほしい旨を言ってくれたのであるが、親切にしてくれたのはその日だけで、翌日は会っても知らぬ顔のそっけない返事ばかり、接待の担当が変更になったので私は分かりませんの一点張りだった。何しろ思いがけない所へ突然やってきたので勝手が分からず、何となく不安な気持ちが増幅してゆくのが感じられた。

ここでもソリーとソリーの部下らしき軍服を着た数人と我々四人がテーブルについて懇談したが、話の内容と、これからの行動がどうなるのか、英語で種々話をされていたことがはっきりと理解できず、午前中はこのことで過ぎていった。

午後からドライバーと我々四人だけが車でモザンピークの国境に面している、国立自然動物保護区のクルーガー国立公園に向かった。敷地面積は四国と同じくらいで、公園内に飛行場が二つに、レストハウスやキャンプ場の宿泊施設が十九カ所あるとのことで、我々はその中でも最も有名な飛行場付のレストハウスの「スククザ」と呼ぶ所に行った。

ホテルやレストランは立派で、売店も大きくて種々の珍しい物がたくさん陳列されていた。この飛行場からセスナ機の定期便がヨハネスバーグまで出ており、一時間もあれば着けるということであった。「明日は飛行機でお帰りください」と言われてホッとしたのであるが、実際には飛行機が飛ばず、また自動車でガタガタ揺られて五時間半のドライブをしたのである。

スククザではレストランでヴァイキングの食事をしただけで、私は売店でアフリカ紹介の日本語版解説書を二冊買って、小物の土産等をたくさん買い込んだ。

東トランスバール州の田舎の小学校に寄って、教員室・図書室を訪れ、最後に生徒が全員いる教室で、校長先生と担任の先生も同席して、我々四人が一人ずつ挨拶をした。

瓜生君が日本語で自由に語ってくださいと言って、彼が通訳してくれたので、

「私が生まれた頃の日本の田舎の生活は、今の皆さんとほぼ同じような状況でしたが、五十年の時を経て、学校で一生懸命勉強をした結果、こんなに遠くまで訪れることができました。皆さんも勉強やスポーツに一生懸命努力して立派な大人になり、楽しい幸せなアフリカの生活を築いてください」

生徒の皆の目が輝いていたのがとても印象に残り、帰り際に校長室で記帳簿に、

「こんなに厳しい環境の中で、皆の目が素晴らしく輝いていたことがとても印象に残りました。近い将来、必ず幸せな生活と社会が訪れることを祈っております」

と記帳したのである。

帰り際にグランドに出て数人の子供たちとスナップを撮っていると、猛烈な勢いで砂煙をあげて皆が寄ってきた。一人として靴を履いている者はおらず、全員裸足で飛び回っていたが、考えてみると、自分の小学生時代もほとんど裸足で遊んでいたことを思い出していた。

十日間の旅もバラエティに富んだ経験の連続で、アッと言う間に過ぎてしまった。帰途のヤン・スマッツ空港にはたくさんの見送りが来てくれたのである。

ソリー・シメラニ氏には大変お世話になったし、彼の友人のタクシー会社社長のムンゴメズラ氏と

夫人のイザベラさん、メイドさんに養子の赤ちゃんと瓜生夫妻は明日の便で帰米とのことで、二人は種々の感慨を胸に機上の人となったのである。

近々南アフリカへは日本の関空より、ヨハネスバーグに直行便が飛ぶそうである。体力が持てば、もう一度ぜひ日本の冬に訪れてみたいと思う。

アジア薬学会に参加

平成十年十二月十日からインドのムンバイ（ボンベイ）市で開催された「第十七回アジア薬学会」に出席し、見聞を広めることができた。この学会は二年に一度アジア各地で開催され、日本でも過去に東京と京都で開催されたことがある。

今回のメインテーマは「薬剤師を通しての人類の健康管理」で、アジア十二カ国とアメリカ、カナダ、エジプトを加え、約五千人が参加した。このうち、開催国インドの参加者は全国各地から薬学生など約四千五百人に上った。

日本薬剤師会からは十二名の参加で、ほかの国に比べると少ない人数だったが、開会式の紹介の時は盛大な拍手で迎えられた。私は今回が初めての参加で、ちょっと戸惑うこともあったが、ほかの先生方は皆常連で、各国の代表の方々と英語で自由に懇談されていた。

ホテルで同室になった北澤先生（日本病院薬剤師会会長、日薬常務理事、慶応大学教授）は役員改選で次期学会の副会長に選出され、アジア薬剤師会の指導者としての地位を確立された。

大会後の各地の訪問と交流

学会は四日間で終了したが、その後インド各地を訪問して薬学関係者と交流を深めることができた。ムンバイ市は人口千四百万人の大都会だが、そのうちの二十パーセントの人はスラム街で生活しており、貧富の差が激しい都市でもある。

街にはリクシャーと呼ばれる三輪自動車が溢れ、一日中交通渋滞が激しく、どこへ行くにも大変時間がかかり、危険を伴うので、開催事務局からは、開場への移動にはリクシャーを利用しないで、シャトルバスかハイヤーを使ってくださいとの注意があった。

ニューデリーではメディカルセンターを訪ねた。私はここの循環器科で心臓機能の診断を受けた。その際、日本と大きく異なっていたことは、心電図、エコーコピー、問診カルテなどの記録を一括して渡され、充分な説明がなされたことである。

日本でもいずれ本格的なインフォームドコンセントの時代が到来すると思うが、この経験で、インドのほうがはるかに先進国であるとの印象を強く受けた。

一方、偉大な指導者ガンジーの偉業と有名な世界遺産のタージ・マハルとアグラ城を見学し、そして近代的都市ニューデリーの中心街とアンバランスなスラム街のオールドデリー地区を見ると、どうしてこの国が国家予算の四十パーセントも費やし、各国の反対を無視して核実験を強行するのか理解できない。

学会を通じて知り合ったこの国の人たちは、皆、誠実で良い人ばかりだったのに、実に残念なことである。新年早々学会で知り合ったインドの薬学生からニューイヤーカードをいただき、つくづくそんな感じを強くした旅であった。

北欧の旅

平成十三年八月十日、夏休みを利用して、数年前から予定していた北欧四カ国への旅行に出発した。今回の旅は、旅行社のツアーに参加して、たくさんの名所や旧跡を訪れる予定であり、昨年の北米旅行で一緒だった上村君と共に二十三名のグループで成田を発った。

成田を離陸すると、新潟市の上空を最後に日本海に出る。二時間ほどして、ハバロフスクを通過、シベリアの永久凍土を越えて、機内のエアマップを見ていると、イルクーツク、ノボシビルスク、モスクワ、そしてサンクトペテルブルグの近くを通過してバルト海の島々が窓の下に見えた頃から、高度を下げて、デンマークの首都コペンハーゲンに着陸。

カストロップ空港のターミナルは成田よりもずっと機能的であり、何よりもコペンハーゲンの街に近く、第一印象は大変清潔な感じである。

東京時間では夜中の十二時を過ぎており、麻雀ならば大したこともないのだが、エコノミー席で十一時間も座ったままの旅は、今の私には大変苦痛であり、ホテルにチェックインしてから夕刻の市内観光に出かけると言われて、私は辞退してルームにとどまり、シャワーの後にベッドインした。

ラジソンSASファルコナーホテルはコペンハーゲン市の隣のフレデリクスベア市にあると聞いていたが、コペンハーゲン市の中心に近く、有名なチボリ公園や中央駅・市庁舎にもバスで十分くらいの距離であり、スカンジナビア航空系のホテル。日本で言えば、JALやANA系列のホテルと同様で、今回の北欧の旅にずっと移動はスカンジナビア航空を利用して、ホテルはSAS系のホテルに宿泊した。

今夜のファルコナーホテルは、ビジネス用の中級ホテルであり、朝のビュッフェスタイルの食事は体調と食欲の好調さもあり、空腹を満たすには充分だった。

時差の関係でモーニングコールは六時と言われていたが、五時前に目が覚めてしまった。日本時間では午前十一時過ぎだから、当然であるけど、この調整に慣れるまでに五日以上もかかり、逆に夕刻になると疲れ、睡魔に誘われて困った。午後八時過ぎになると、欲も得もなく眠気が襲い、夕食中に眠くなることが多く、皆さんに失礼して部屋に行き、眠り込んでいた。

気温は二十度前後の涼しさで、日本の猛暑に比べて快適な陽気であり、朝夕は少し寒いくらい。朝食前に、ホテルの近辺を散策、コンビニに入ってアイスクリームと絵葉書を求めたが、空港で両替したデンマークの通貨であるクローネを使っての買い物に、どうもピンとこない。おつりを渡されても、正味いくらの買い物か判断に迷ってしまう。二人で指折り数えて、コインの数字と種類を何度も眺めて、ようやく日本円換算の見当がついた。

市内観光と北シェラン古城めぐり

「アマリエンボー宮殿」

朝食後、バスでコペンハーゲン市内観光と北シェラン島の古城見物に出発した。現地ガイドのミキトラベルの「二葉さん」と呼ぶおばさんの説明は非常に分かり易く、自分の気持ちも込めての話術は大きな感動と好印象を受けた。とりわけ、デンマークの王家の宮殿であるアマリエンボー宮殿にて、王室の家族の紹介には、この国の王室に対する尊厳と敬愛の精神が脈々と受け継がれていることが理解できたし、王家の国民に対する距離が日本とは比較にならぬくらい近いことに驚きを感じた。

市の中心にあるチボリ公園には、時折王様や女王殿下が自分で車を運転されて出かけられるそうだし、王子様も何と自転車に乗って買い物に出られると聞いた。日本の皇室とも親しい交流があると聞き、わが国の天皇家の皆様も、さぞ羨ましく感じていられるのでないかと考えた。

「人魚姫」

港の近くの波打ち際で、有名なアンデルセンの童話に基づいた人魚姫の像がある。口の悪い人は、世界三大がっかり像の一つであると呼ぶけど、小雨まじりの早朝にもかかわらず、たくさんの観光客が訪れていて、濡れた岩場を足場に、像をバックにパチパチやっていた。

デンマークでのビールのトップ・ブランド「カールスベア」ビール会社の創業者の息子さんが一九

一三年（大正二年）に寄贈した銅像で、今までに心ない人のいたずらで、腕や首を切断されたことがあるそうだ。とにかく世界的にも有名であり、コペンハーゲン観光のシンボルであることに変わりはない。

「ゲフィオン女神の泉」

人魚姫の像の近く、歩いても数分の所に、コペンハーゲン市の管理する「ゲフィオン女神と四頭の牡牛」の像がある。一九〇八年（明治四十一年）に造られて、既に百年近くになるが、ガイドの説明を聞いていて、その伝説の発想と共に、素晴らしい像の迫力に圧倒されつつシャッターを押し続けた。あいにく市の予算不足で、肝心の噴水はストップ状態であったが、たくさんの観光客がここでも四頭の牛やゲフィオン女神の脇に立ったりしつつスナップを撮っていた。

午後のフレデリクスボー城の観光で、城のたくさんある壁画の中に、ゲフィオン女神の肖像画があり、ガイドは改めて、

「皆さん、この絵の人物に見覚えがありますか？　朝の観光でご覧いただいたゲフィオン女神ですよ」

とにかくこの地に来て、三百年から五百年前の古い建造物が多く、いずれも大切に保存されているのには感動を受けた。

物語は、「一夜に耕せた分だけの、スウェーデンの土地を授ける」と告げられたゲフィオン女神が、自分の息子四人を四頭の牛に変えて耕し、その結果シェラン島全土を得たという伝説。

水しぶきを上げて猛進する牛の躍動感と、それを走らせる女神の凄まじい表情が素晴らしく、鞭打

たれた牛が水飛沫を上げながら迫ってきそうな情景は、肝心の噴水に水が流れてこその迫力と考えると、実に残念だった。

シェラン島の形の湖が、隣国スウェーデンに今でも残っていると聞くに及んでは、伝説か真実かと迷うばかりだった。

「ニューハウン」

アンデルセンが好んで住んだこの地区は、、たくさんのレストランが並んでおり、チボリ公園に次いで市民がよく出かける場所。北海道の小樽運河に似た感じの入り江で、観光客も好んで訪れるコペンハーゲンの人気散歩コース。小雨のパラつく船着場でたくさんのツーリストが、あちこちでスナップ撮影をして楽しんでいた。

それにしても多くの名所・旧跡を一泊二日で観光するのは、あまりにも強行軍であり、到着早々の時差ボケも手伝って、夕刻にはあくびの出放題だった。

午後はバスに揺られてコペンハーゲン北部郊外に出かけた。海岸に沿った田舎道で、狭い海峡の対岸はスウェーデン。街道に沿って王室の狩場だった「鹿公園」と、高級住宅がずっと続き、のどかなドライブであった。

対岸のスウェーデンの街並みの見えるレストランで、デンマークの代表的ランチであるオープン・サンドを食べて小休止。お天気はうす曇りで、時折霧がかかって対岸が見えない時もあったが、わずか五キロの対岸が外国で、酒製品の統制が厳しく、スウェーデンのブローカーがフェリーに乗って買い出しに訪れるとのこと。港町ヘルシンゴーのフェリー波止場の荷物置き場には、缶ビールや酒類の荷物が山積みにされていた。

「クロンボー城」

この波止場の町ヘルシンゴーの街外れにある、シェークスピアの戯曲で有名な『ハムレット』の舞台となった「クロンボー城」がある。

王家の悲劇のモデルとなったこの城には、夏期に城内の中央の庭で、舞台を作ってシェークスピアの戯曲のオペラや演劇が開催される由、訪れた時は、ちょうど舞台と観客席が設置されているところで、来週から公演されるとのことだった。

この城は本来、海峡を通行する船に対して通行税を取り立てる要塞だった。ルネッサンス様式の城で、城内の壁にシェークスピアの『ハムレット』の語源について記した銅板があった。

ガイドの説明では、この城の王様の息子の名前がアムレス（Amureth）で、スペルの最後のHを最初に持ってきて「Hamuret」と名付けられたそうだ。有名な悲劇の主人公の命名にしては、あまりにも単純な発想であり、高校時代に読んだ坪内逍遥の戯曲や、映画で見た陰惨なイメージとは全く異なった感慨に耽った。

「フレデリクスボー城」

四百年も前からこの地にデンマーク王家の居城として、また国民の愛国心のシンボルとして壮麗なたたずまいを誇り、近代は博物館として、たくさんの貴重品が展示されており、デンマーク王家の歴代王の戴冠式や儀式が行われ、過去に我が国からも西園寺公望公や、現在の天皇が皇太子のときに招かれている。

城内のたくさんの部屋に展示されている装飾品や壁画等を、ガイドの双葉さんが分かり易く説明してくれるが、狭い階段を昇ったり降りたりしている間に、次第に時差の疲れが出てきた。この城だけでも、ゆっくりと見れば一日や二日はかかるのだが、わずか一時間ほどで切り上げるのは少しもったいない。

とにかくすごく疲れが出て、帰りのバスの中は皆ぐっすりと寝込んでいたようだ。ガイドさんも気を使って、名調子の説明を止めて、皆さんのコックリを見守っていた。

これでコペンハーゲンと、北シェラン島の観光は終了で、次の訪問国のノルウェーに向かう。

とにかくデンマークに住んでいる人も、コペンハーゲンを訪れた方も、皆さんが共通した感想で、北欧の中でも特に住み良い所だと称賛されている土地だったが、私も何となく老後に永住してみたい気分を持たせてくれた所だと感じた。冬の期間が長く、寒さが厳しいことがちょっと問題だが。

午後五時過ぎにカストロップ国際空港に到着し、各自が自由に空港レストランで夕食を済ませてチェックインをした。

SK476便は午後八時半過ぎに夕闇迫るコペンハーゲンを離陸して第二の訪問国のノルウェーの首都オスロに向かった。

ノルウェー

約一時間のフライトでオスロ市のガーデモエン国際空港に到着した時には、夜もすっかり暮れていた。ガイドの島さんによれば、この空港は市の中心よりかなり離れた所に新しく造られたようで、日本で言えば羽田から成田に移ったようなものだそうだが、成田のように都心から遠いものでなく、バスで三十分くらいでホテルに到着した。

北欧の中でも最北端のノルウェーは、さすがに涼しく感じたが、白夜に接するようなこともなく、第一夜は暮れた。

ラジソンSASパークホテルは、郊外の緑多き地域にあり、このホテルには、一夜の宿をとっただけで、翌朝七時、ホテルからバスで四日間のノルウェーの旅に出発した。早朝七時過ぎといっても、東京では午後二時。市内の観光をして郊外から山岳方面に向かった。

オスロ市の目抜き通り、カール・ヨハン通りを経て市の西部にあるフログネル公園を訪ねた。途中バスの中より、ノーベル平和賞の授与式の行われる市庁舎の脇を通る。人口五十万人のオスロ市民の憩いの場として人気の高いフログネル公園は、ノルウェーの彫刻家グスタウ・ビゲーランが十数年かけて製作した石柱「モノリッテン」を中心に、約二百点の彫刻が並び、オスロ市の観光では欠かせないコースである。

公園の頂点に立って北の方を見ると、一九五二年のオスロ・オリンピックのホルメンコーレン・ス

キージャンプ台が見えたので、

「リレハンメル・オリンピックの会場もここから見えますか?」

と尋ねると
「ここからは全然見えませんよ、そこにはお昼頃に行きますが、オスロから二百キロ以上離れています」

とのことだった。

オスロからE16号線(ヨーロッパで冬期も通行可能の主要幹線道路にはヨーロッパのEをつけている)を北に向かって走り続ける。

ノルウェーは日本国土より広いが、北部の三分の一は北極圏であり、夏(五月~七月)は太陽の沈まない白夜であり、冬には夜空をオーロラが彩る別天地となる。

人口は五百五十万人だから、人口密度の低いことでは日本と比較にならない。最近北海油田の開発が進み、国の経済も安定しており、特に夏の観光シーズンでは、世界中からたくさんの観光客が訪れるそうだ。

国も観光の設備にも力を入れて、外貨の獲得に懸命で、どこかの国の高級官僚のように、特殊法人でエゴと保身に汲々とし、国会で居眠りばかりするような議員はいないそうだ。また、北欧四カ国に共通した点で、国会議員の数が少なく、男女半々の議員に大臣も男女五人ずつが常識だ。

何よりも感心したのは、議員の生活や政治活動は大変地味であり、議会に出席するのに自転車や徒歩という議員が半数以上だと聞いた。

もうひとつ感心したこと、それは教育に対するシステムが日本と全然異なっており、小学校から大学まで授業料は無料だけど、学力の査定は厳しく、日本のように、大学に入ればレジャーランドのような風潮は全くないとのこと。

北欧四カ国を十日間で歩いて、この間に聞いた種々の風俗や習慣について、わが国日本とあまりにも大きな違いのあることを学んだ。

国民の生活は質素で、年収は日本円にして平均五百万円だが、年金や税金等で四十パーセントくらい控除され、消費税は二十五パーセント。従って国民の実質年収平均は、日本円で三百万円弱で、生活は大変質素だが、社会保障が充実しているので、老後も安心して暮らせるので国民は皆満足しているとのことである。

今日は八月十三日。ホテルに到着してテレビのスイッチを入れCNNニュースを見ておどろいた。小泉さんが靖国神社参拝を二日間前倒しして、実行されたことが報道された。案の定、韓国と中国がバタバタしている由。しかし私は甲子園の高校野球の結果が気がかりであった。

フログネル公園を出発してE16号線をひたすら北に向かって走り続け、二時間くらいすると左側に大きな湖「ミヨサ湖」が見えてきた。このミヨサ湖のほとりにあるリレハンメルの街が見えるパーキングで小休止。一九九四年の冬期オリンピックのジャンプ台の遠景をバックに、皆パチパチとシャッターを押していた。

バスはリレハンメルの街の中を通り抜けて、大ジャンプ台の頂点まで行き、全員がジャンプ台のゴンドラに二人ずつ乗って、着地地点までオリンピックの選手気取りでジャンプ台を下りた。隣の本コースでは夏季スキーのジャンプ練習をしており、日本の荻原健司や八木、原田の選手団も数年前まで練習に来ていたとのこと。

リレハンメルの郊外のレストランでランチを済ませて出発、約一時間ほどしてオッタという小さい町でＥ１６号線を左折して、ますます山深い道を登ってゆく。第一次世界大戦当時、ドイツ軍が、こんな山奥の僻地にまで攻めてきた由。ナチス、ヒトラーの恐怖が、アンネの住んでいた町ばかりでなく、のどかなノルウェーの山中にまで及んでいたと聞き、戦争の残虐さが改めて思い出された。

オッタからさらに一時間ほどしてロムという町に到着。日本の豊臣時代より以前に造られた木造のスターブ教会が名所で、数台の観光バスが停車して見学していた。教会内部のキリスト像は、平安時代以前の作品だそうで、礼拝堂の椅子の手すりがつるつるにすれているのを見ただけでも、かなり古いことが分かるが、異教徒の私には、こんなものかなの感触しか湧かなかった。

とにかく、ここまで来てバスを降りると気温が十五度くらいで、外に立っていると寒気が迫ってくる。皆、寒い寒いと言いつつ、早々にバスに引き上げてきた。

ロムでガイドの島さんが、今日の観光の目玉である、ダレスニッパの展望台の天気が気がかりで、電話をされたそうだが、あいにく雨が降り出してきたようだ。

「あまり天候が悪いと、展望台に行けなくなりますので心配です」

ロムからさらに一時間半ほどして、ダレスニッパと書いた道標が見えて、周囲の山に雪が見えてきた。

ダレスニッパの展望台

ダレスニッパの展望台は海抜千四百メートルの高地だが、ほとんど岩山で途中の道路は、いろは坂のようなヘアピンカーブを一気に四百メートルくらい登りつめる、大変危険な岩盤道路で頂上まで続いている。しかも道路端には手すりやガードレールが全然ないので、バスの中から下を見ると、空に浮いているような感じだった。

私と上村君は最前列のシートにいたので、バスがカーブを曲がるたびに車体の前部が道路からはみ出すような状態になるのでスリル満点だ。高所恐怖症の人は絶対に座っておれないくらいで、バスの窓から下を見ると眼下に真っ青に水をたたえた湖が見え、思わず足に力が入り、手もしっかりと手すりを握り緊めた。

登るのにこんなに怖い思いをするのに、下る時はどうなるだろうと心配になった。

肝心のダレスニッパの展望台に到着した時は、小雨まじりの強い風が吹いていた。とにかく寒いことと、頂上の岩盤がつるつるしていて、強い風が吹いてくると吹き飛ばされそうになる。めざすゲイランゲルフィヨルドの方角に望遠鏡が設置されており、覗いて見ようと思ったが、望遠鏡の先は目もくらむような切り立った崖の上で、何と千四百メートル直下まで全く遮る物がない。風がビュービュー吹き荒れているのがとても気になり、前面の柵から身を乗り出して「フィヨルドはどこかしら」と下を眺めたが、当初はさっぱり分からなかった。

すると横にいた人が、大きな声で、

「見える、見える、あれがゲイランゲルフィヨルドだ！」

遥か下の先を見ると、新緑の山あいの谷間に、コバルトブルーのゲイランゲルフィヨルドがはっきりと見えた。

日本から遥々こんな遠くの不便な所まで来て、この素晴らしい神秘的な風景を見ることができなかったらと、ガイドの島さんが心配されていた気持ちが分かった。

これでお天気が良かったら申し分ないのだけど、でも見れただけでも幸せだと思う。

さて問題は展望台からの下り道に対する恐怖感。行きは良い良い帰りは怖いの歌のとおりで、登りだってスリル満点だったのだから、帰りの怖さは想像がつく。バスがカーブを曲がるたびに、空中散歩をするような気分になった。過去に何度もレンタカーで登った人が、下りになって怖くなり、現地の人に運転を依頼されたという話を聞いたが、私も多分自分の車でも、こんな怖い道は運転できないと思った。

雨で濡れた岩盤の下り坂を無事に下まで到着した時は、皆ホッとした気分となった。料金所のゲートを通過してから、さらに約千メートルの高台から一気にゲイランゲルフィヨルドの海抜〇メートル地帯まで下り坂。数え切れないほどのヘアピンカーブを通過しつつ、バスは無事にゲイランゲルのホテルに到着した時は夕闇が迫りつつあり、気温もぐっと下がってきた。

ユニオンホテルとゲイランゲルフィヨルド

人口三百人のゲイランゲルの村は、フィヨルド観光の拠点として夏はたくさんの観光客が訪れるが、冬はほとんど冬眠の村になってしまうそうだ。

ノルウェーでの二泊目は、フィヨルドの観光で最も景色の良いゲイランゲルの格式の高い宿だ。ユニオンホテルはフィヨルドの奥地にあるホテルとしては、大変立派なホテルで、日本でいえば上高地の帝国ホテルのような存在だが、レストランも立派で大変混み合っていた。

このホテルは冬期も開店しており、夏は一年前より予約でいっぱいということだ。ガイドの島さんも、何度もゲイランゲルに泊まったが、ユニオンホテルは初めてだと言って喜んでいた。フィヨルド観光のフェリー発着所まで歩いても五分とかからぬ場所にあり、八月中旬なのに朝夕の気温は十五度くらいの寒さだった。

ユニオンホテルの部屋は綺麗で、洗面所も新しいので二人共、ゆっくりとバスにつかり、手足を伸ばして休むことができた。朝早くに目が覚めるのはなかなか治まりそうもない。二人でホテルの近所を散歩して朝食時間のくるのを待った。朝食後、バスに乗ったままでフェリーに乗船。上甲板に出て後ろを振り返ると、昨日スリルを味わったダレスニッパの展望台が遥かに朝日を浴びて輝いていた。

フェリーが出航すると両岸の壮大な景観を満喫できる。このフィヨルドから、船に乗ったままで、日本の静岡まで帰ることが可能なのだと考えると、現在自分がここでフェリーに乗っていることが夢のように思えてきた。

フィヨルドでは魚もたくさん捕れるらしく、今回の旅行中、毎度の食事にスモークサーモンが必ずテーブルにあったし、ノルウェーの定番料理である鰊の酢漬けもたくさん出たが、とにかく海の幸が多く、種類もあったので食膳は豊かな味覚を堪能できた。

フェリーが出発して、皆が上甲板に出て両岸の山頂から数百メートルの滝が無数にフィヨルドに向かって白い糸や布を流したようになっている風景を見ていると、いつの間にか、かもめが数羽フェリーのマストに止まったり、フェリーの進行に歩調を合わせてついてきていた。仲間の牧さんが、かもめに向かってビスケットを差し出すと、寄ってきてくわえて持ってゆく。船の進行は時速四十キロくらいだが、かもめもその速度に合わせてずっとついてくるので大変可愛い。

素晴らしい景観の連続で、約一時間半ほどのフィヨルドの船旅はヘルシルトというところに到着してフェリーを降りた。再びバスで険しい山道や、広々とした草原のドライブで、ローエンという小さい町に向かう。道路の両脇は牧場で、牛や山羊が道路に出てコンクリートの上にたくさんゴロリと寝そべっている。陽が照ると車道のコンクリートが暖められて、温くなるので気持ちが良いのだそうだ。バスも徐行し、牛や山羊の昼寝をさまたげないようにして通過する。日本では考えられないような、動物愛護でのどかな風景で、メルヘンの世界を感じた。

ブリクスダール氷河

バスはローエンから険しい山道の勾配を登ってゆく。めざすは世界一のヨステルダール氷河の支流、ブリクスダール氷河観光だ。百年くらい前からローエンの村人が氷河観光に馬車を使うようになり、今だに慣らされた金色の毛で、ロバのように小さくておとなしい馬が四人もの大人を乗せた馬車を引いて、急な坂道を登ってゆく。先程道路に寝そべっていた牛と、この馬車を引いて登る馬とでは、あまりにも境遇が違いすぎる矛盾にちょっと考えさせられる。馬のたずなを引いている案内人が急な坂道を、馬と共に歩いているのに多少救われた気持ちだった。

馬車を降りて、さらに氷河の先端に向かって約一キロの山道を登ってゆくのだが、心臓の悪い私にとってはかなりハードな登山となった。皆さんより遅れながらも少しずつ高度を上げて、ようやく視界が広くなったところで氷河の先端に到達できた。

カナディアンロッキーのアサバスカ氷河と同じく、氷河に近づくにつれて、その偉大な全景に圧倒されてしまいそうだ。バスから眺めた氷河は谷間に残る残雪のようだったが、この地点に到達して目の前に氷の塊を見ると、途方もなく大きいことが分かった。

氷河の先端の雪は五百年前に降ったものだそうだ。地球温暖化の影響はこの氷河にも現れていて、毎年五十メートルくらいずつ氷河が後退しているそうだ。ガイドの島さんが、この前に来た時よりずいぶんと氷河が溶けていると言っていた。氷河から帰る途中、百五十年前に氷河の先端であった地点に札が立っていたが、ずいぶん早い速度で氷河が小さくなりつつあることが分かった。これから先、百年か二百年たって氷河観光に来たら、昔はこの辺に氷河がありましたとガイドが説明するかもしれないと考えた。

氷河観光を終え、今日の宿泊地であるソグネフィヨルドの支流のラルダールに向かう。途中シャイという所で休憩、ノルウェー伝統織物の布製品や種々の北欧民芸品を売っていたが、何とここでも日本語の解説書や絵本まで売っている。日本の観光客がいかに多いかの証明だ。

リンドストロームホテルとソグネフィヨルド

岩盤をくり抜いた長い長いトンネルを抜けると、待望のソグネフィヨルドに到着した。渡し船のようなフェリーに乗って、対岸の宿泊地ラルダールに十五分で到着。宿泊したリンドストロームホテルは、木造二階建ての山のホテルといった感じの素朴なたたずまいだが、創業百五十年の老舗旅館といった感じが強く、世界一のソグネフィヨルド観光の基地として今日に至っている。

「ソグネフィヨルド」は海岸から二百キロも山奥に入り込んでおり、最深部は千三百メートルに及ぶノルウェー最大のフィヨルドだ。鏡のような海面に切り立つ山々が映し出される様や、山頂から流れ落ちる数え切れない滝の光景が素晴らしい。

今日はラルダールから、アウルランフィヨルドを経てネーロイフィヨルドに入り、終点のグドバンゲンまで約三時間半のクルージングである。昨日のゲイランゲルフィヨルドの感激に慣れたことと、三時間半もの長い時間のフィヨルドクルージングに小雨も加わり、ほとんどの人は船室でゆっくりと団欒の一時を過ごした。

途中からたくさんの客が乗り込み、船内は超満員。デッキの階段もたくさんの客で動きが取りにくいくらいだ。トイレも長蛇の列で、女性の方は大変だった。

グドバンゲンのフェリー発着所のレストランで昼食。ノルウェーの主食のじゃがいものランチがとてもうまかった。

雨も降り止んで、午後からフロム鉄道に乗ってショスの滝を眺め、標高八百六十七メートルのミルダル駅に向かう。ショスの滝で五分間の停車中に、ホームに降りて滝を見ていると、女の人が滝の中段に立って水しぶきを浴びている。音楽が鳴って滝の妖精らしくふるまう様子に、乗客は皆しばし見とれていた。夏の観光サービスに、フロム鉄道が考えたショーの一幕だった。

ミルダルでオスロから来た急行列車に乗り、ベルゲンの手前のボスという町で列車を降りると、フロムで別れたバスが待っていた。

ベルゲンの観光

ボスからバスで約一時間半、今日の宿泊地ベルゲンに到着した。ホテルに到着と同時に、激しい雨が降ってきた。一年の三分の二は雨の降る所だそうで、到着早々に名物の雨に遭ったが、チェックイン後だったので助かった。

クオリティ・エドワードグリーク・ホテルはノルウェーで四日目のホテルだが、新しいモダンな造りで、フロントの吹き抜けが高く、各階より下が見下ろせる設計で、近代建築のたたずまいがあった。夕食のレストランも綺麗で、ビュッフェスタイルの食材もたくさんのおいしい味付けで、食欲を満たすのに充分だった。

ベルゲンはノルウェー第二の都市で、港町である。現在はオスロが首都であるが、十二世紀頃はハンザ同盟の主都として隆盛を極めた。現在はフィヨルド観光の拠点として、世界中からたくさんの観光客が訪れていて、活気のある魚市場や、ユネスコの世界遺産に登録された木造建築の並ぶブリッゲン地区は連日お祭りのような賑わいだ。

現地ガイドの案内でハンザ博物館を訪れて詳しい説明を聞く、ちょうど小樽の鰊御殿のようなもので十三世紀のハンザ同盟の頃、ドイツ商人が、鱈・鮭等の貿易で滞在した館であり、迷路のような狭い通路をゾロゾロ歩いて、ありし日のハンザ商人の暮らしを偲んだ。

ベルゲン出身の作曲家エドワード・グリークは有名で、ガイドの島さんが、バスの中でテープで『ペールギュント組曲』を聞かせてくれたのには、気が利いていると思った。

ベルゲンの市内観光中は、雨が夕立のように降ったり止んだりの連続で、中華料理の昼食後自由行動となり、上村君とフニクリの駅に行き、フロイエン山のケーブルカーに乗って三百二十メートルの山頂に登った。途中から雷光が激しくなり、山頂でケーブルを降りた途端に、すごい音と共に落雷があちこちで発生、とてもベルゲンの景色に見とれる気分になれず、直ぐに折り返しの下りケーブルで下山した。

魚市場の青空マーケットで海産物の土産物を見ていると、青い目で金髪の若い女の子の売り子に、

「お客さん、たくさん買ってください、サービスしますよ」

大変流暢な日本語で語りかけられて、思わず、

「日本語がうまいねー、どこで覚えたの？」

「私日本人なんですよ」

「日本のどこ？」

「大阪で生まれて、ノルウェーの大学に留学しました。今は夏休みでアルバイト中です。両親は母がノルウェー人、父は日本人のハーフなんです」

この女の子の薦めるカニの缶詰めの詰め合わせを土産用に買って、カードで精算した。ノルウェーの通貨もクローネとオーレの呼称だが、レートが少し安いので買い物も楽だ。

ベルゲンの魚市場でどしゃ降りに遭いながら買い物をし、再びバスで郊外のベルゲン・フレースランド空港に向かう。

四日前のオスロのＳＡＳパークホテルから、約千キロの道程を一人で運転し続けたドライバーのラルフ・ペーテさんともここでお別れ。ダレスニッパの展望台への運転や、フィヨルド観光のフェリーに乗ったりしつつ、長距離を安全運転していただき、皆より惜しみない拍手をして空港で別れた。

八月十六日午後五時半、ベルゲン発オスロ行きのスカンジナビア航空ＳＫ３２６便は、定時に出発

した。約一時間のフライトで、四日ぶりにオスロに帰ってきたが、一時間の待ち合わせでトランジット。引き続きスカンジナビア航空ＳＫ１４８６便で、スウェーデンのストックホルムに向かう予定だったが天候が悪く、大幅に出発が遅れてしまった。午後七時十五分発の予定が、八時半を過ぎてようやく離陸したが、窓の外を見ると雲の中で時折雷光が輝いている。

国際線といっても短距離なので高度もあまり高くないようだ。大変危険なフライトを続けて、ようやくストックホルム・アーランダ国際空港に到着した時は、すっかり日も暮れて午後十時を過ぎていた。

夕食は機内食で、喫茶店のモーニングとほぼ同じようなもので、結構満足できる味付けと盛り合わせの弁当で充分なものだった。

翌日現地のガイドが、

「皆さん昨夜は大変な飛行でお疲れ様でした。ちょうど皆さんの乗った飛行機の到着する頃ストックホルムでも落雷があり、二人の方が亡くなられました」

機内で花火でも見る気分で雷光を見ていたことが、すごい冒険だったと分かり、ホッとしたものである。

ストックホルム観光

三番目の訪問国、スウェーデンは南北に細長い国土で、日本よりも広く、北部はノルウェー、フィンランドと共に北極圏に近くて、やはり人口密度が大変低い国である。首都ストックホルムはバルト海に面した港町で、たくさんの湖と無数の島に囲まれたこの地域は、ヴァイキング時代以前からの村や街、中世の城や宮殿が多く残っている。歴史や芸術はもちろん、人々の生活に蜜着した豊かな自然に恵まれて、北欧のベニスと呼ばれる美しい水の都だ。

ダイナマイトの発明者でノーベル賞財団の発起人でもある、アルフレッド・ノーベル氏にちなんで毎年十二月に世界の注目を集めるノーベル賞の受賞式はヒュー広場のコンサートホールで行われ、祝賀会は国王夫妻も出席し、市庁舎の玄関ホールで盛大に開催される。

この素晴らしい自然と歴史に恵まれた大都会の観光に、一泊二日しか滞在できないのは、費用の点からもやむを得ないとしても、誠に残念だった。

私にとって、スウェーデンは何といっても女子ゴルフのリサ・ロッテ・ノイマンとアニカ・ソレンスタムの存在が羨ましい。それに高校時代に見た、名女優イングリッド・バーグマンも素晴らしい美人だったし、テニスではウインブルドンで大活躍した、ビヨン・ボルグの存在も光っている。

テニスやゴルフは日本よりもマイナーなスポーツと思っているのに、世界でもトップクラスのプレーヤーが育つのは、何か日本にないエネルギーがこの地にあるのだろうか？　とにかく高級車のボルヴォもこの国の産物ですし、種々の面で日本よりも優れた点があり、特に福祉先進国であることは、私のような高齢者にとって大変羨望の的である。

市庁舎を訪れて、ノーベル賞の受賞祝賀会の説明をいろいろ聞いた上で、肝心の市議会議事堂の議席を前にして、この市の議会運営や市民の議員に対する信頼感の厚い事を知らされた。この国の政治家は皆、真面目に市民や国民のことをよく考えていることが分かる。

「市会議員の生活は大変地味で、皆真面目な方ばかりです」

ガイドの松尾さんの説明は誇らしげで、トーンも高く、日本との大きな違いを指摘された。

日本では警察官や教師の不祥事が多く、高級官僚の使い込みや公務員の質の低下等、世界中の笑い者になっているように思えてきた。特に小泉さんが総理となられてより、人気が高いのに、過去の人たちの悪事が次々と発覚して、今までの政治家のやってきたことが、いかにいいかげんなことだったかが分かる。

ストックホルム市の旧市街であるガムラ・スタン地区で昼食をとり、午後から船で郊外のドロットニングホルム宮殿の観光に出かけた。湖の中をそよ風に吹かれて、午前中に訪れた市庁舎の横を通り、約一時間の船旅でスウェーデン国、王家の住居であるドロットニングホルム宮殿に到着。ミニヴェルサイユとも呼ばれる宮殿は、千六百年代のバロック様式建築物で周囲の風景と合わせて格調の高さがうかがわれる。

広い宮殿の一部を国王一家が住居とされ、ほかは一般に公開されている。十七世紀からの装飾や美術品が華麗に展示されているのは、デンマークのフレデリクスボー城と同じで、さらにこの城内には、広い庭園と劇場もあり、一般の人が見学できるそうだ。日本と異なり治安の点で不思議に思ったが、国民性の差かもしれない。

城内の観光でガイドの松尾さんは熱心に説明されるのだが、猛烈に睡魔が襲い、立っているのがやっとの状態だった。失礼して庭園の木陰でベンチに腰掛けて休息をとった。十日間の旅で毎日宿が変わり、移動は飛行機や長距離バスでは、とても苦痛だ。やはり海外の旅は若くて健康な時にだけ向くものだと感じた。

宮殿の観光の後は、待機していたバスに乗り、ストックホルム市内に戻る。午後四時出帆の大型豪華客船の旅となる。

国際フェリーのヴァイキングライン

ガブリエラ号、三万五千五百トンの大型船で、乗客二千四百名にバスとトラックを四百二十台積んでフィンランドのヘルシンキに向かう。バルト海のクルージングである。ストックホルムからヘルシンキまで十五時間の船旅だが、海に浮かぶ町といった感じで、船内には百貨店のような免税ショッピング街があり、ゲームコーナーやゴーゴークラブにダンスホール、カジノ、レストランやパブは四百六十名が同時にテーブルにつけるヴァイキングビュフェで北欧の高級料理。十一階のエレベーターも七基あり、上甲板まで簡単に行けて、素晴らしいバルト海のサンセットをのんびりと眺めることができた。

四人ベッド付のA級船室だが、ゆったりと二人ずつの室内は、高級ビジネスホテルとほとんど変わりがない。エンジンの音も静かで揺れも感じないので、ベッドインと同時にぐっすりと寝込んでしまった。

夜が明けて七時過ぎに目が覚め、窓の外を見ると小さな島が次々と現れて、フィンランドの領海に入っていることが分かった。前方にシリアラインの大型フェリーが並んで進んで行く。このフェリーも三万トン以上の大型船だ。

午前十時半、北欧の旅で四番目の国、フィンランドに到着。国際航路の埠頭であるカタヤノッカン・ライトゥリ・フェリーターミナル（長い名前でややこしい）に上陸。

ストックホルムで乗船の時はエスカレーターに乗って船内の七階のフロントに入ったが、ヘルシンキでは逆に埠頭のターミナルビルからエスカレーターで下り、地上に立った。とにかく三万五千五百トンの大型船は岸壁に横付けし、船客がすべて降りるまでに約一時間くらいかかる。世界中からの旅行者と一緒に、商用の買い出しでこのフェリーを利用する地元の人も多く、たくさんの荷物を持ってゾロゾロと行列について下船した。

ヘルシンキの観光

ヘルシンキのガイドの梅原さん、一見ぶっきらぼうな風貌で、髭を生やして何食わぬ顔をしながら話す内容には必ず落ちがついているので、バスの中は爆笑の渦だった。日本のコメディタッチのマジシャン、マギー司郎を真似た感じの話法は、話の落ちがあるところで皆が笑いころげるくらい面白くて愉快だった。海外旅行の失敗談や、日本人旅行者の間抜けなことなど、次から次へと聞かされ、す

ヘルシンキの空港ターミナルでサービスをしてくれるムーミン

っかりこのガイドさんのペースにはめられた形となって、ヘルシンキの市内観光と郊外のポルボーへのドライブに出発した。

人口五十万人のヘルシンキはバルト海に面して、フィンランドの南部にあるが、対岸のバルト三国のエストニアの首都タリンとは、わずか百キロの海峡を隔てただけであり、ロシアのサンクトペテルブルグ（旧レニングラード）とも直線距離にして三百キロで、飛行機で四十分くらいで行ける。約八十年前にロシアから独立して共和国となり、北欧四カ国では唯一の大統領制の国家である。

フィンランドといえば、まずサンタクロースの故郷を思い浮かべるし、トーベ・ヤンソンの童話ムーミンも思い出す。空港ターミナルには大きな縫いぐるみの「ムーミン」が免税点の中にいて、商店のサービス品を手渡してくれた。子供連れの人は、皆一緒にスナップ撮影をして喜んでいる。私にとっては、昭和二十七年（一九五二）、第二次大戦後に初のオリンピックがヘルシンキで開催され、日本選手団が多数参加した時の思い出が強く甦る。まだ大型ジェット機やテレビのない頃で、専らラジオの放送で日本選手団の活躍を知った。

今日はあいにくオリンピックスタジアムの近辺はマラソン競技をやっており、バスは進入禁止で、近くのシベリウス公園に行った。フィンランドの誇る大作曲家を記念して作られた緑豊かな公園で、独創的なステンレス製パイプのモニュメントは、女流彫刻家ヒュトウネンによって一九六七年に製作された。梅原ガイドの説明によると、馬鹿な観光客がこのパイプの中に頭を入れて抜けなくなり大騒ぎとなった由。その話を聞いて俺なら大丈夫と次から次へとこのパイプに挑んだそうだ。

「皆さんは利口だから、そのマネは絶対にやめてくださいね、頭が抜けなくて日本に帰れなくなりますから」

皆、またここでも大笑いした。

次に訪れた所はテンペリアウキオ教会。自然の岩盤をくりぬいて造られた教会で、銅製のドーム屋根は百本の梁とガラス窓で支えられ、内部は剥き出しの岩盤に自然の光がさし込み、変わった空間となっている。教会の奥の岩盤は何と核シェルターになっていて、食料や水もたくさん貯蔵されているようだ。

梅原さんのガイドで、

「馬鹿な人がいたもんですね、変わった教会を造ったまでは良いが、核戦争なんか起こって核爆弾を落とされ、自分だけ助かるつもりですかね。そんなことを真剣に考えるよりも、戦争を起こさないことにもっと真剣に取り組むなり、お金を使ったら良いと私は考えますよ。皆さんそう思いませんか？こんなことを一教会がやったって何の効果もないと私は思うのですが、毎度ここに案内して、お客さんに言っているんですよ。核シェルターを造って、核戦争をやる積もりなんですかねー、私は不思議でしょうがないんですよ」

冷静に聞いてみると、全くそのとおりだと思います。

ポルノ解禁の国フィンランドで目にした強烈なコマーシャルに驚いた。ヘルシンキ中央駅の近くで、バスの中から見た大きな看板に思わず皆が目を見張った。男と女が裸体で抱擁しているまでは別に日本でも、最近は珍しい光景でないが、女性の下半身を見ると、何とはっきりとヘアまで描写してある。

誰からともなく、

「オイオイ、あの看板の写真はすごいなあ」の声が上がった。

上村君は横にいて、コックリと眠っていて見なかったそうで、後になって、

「自由行動の時にぜひ、もう一度そこに案内してくださいよ、ぜひ見たいから…」

結局それきりになってしまったし、私だけが本場のポルノ解禁を見たので、彼は残念がっていた。

港の近くのマーケット広場や、近くの元老院広場に、明治時代初期に完成したヘルシンキ大聖堂を

見てから、郊外の田園地帯にあるポルボーという古い町を訪れた。

約一時間のドライブでポルボーに到着、フィンランド国歌を作詞した詩人ヨハン・ルードヴィッヒ・ルーネベリの家を見学。寝たきりの晩年を過ごした寝室や応接間が百五十年前のままに保存されており、訪問者に公開されている。この家のガイドの若い女の子の説明するフィンランド語を、一句ずつ丁寧に梅原さんが通訳してくれた。

ロシア語に似た感じのする半濁音の発音も混じったフィンランド語はさっぱり分からないし、文字も一部にロシア文字のようなものが使われている。永いスウェーデンとロシアの支配から解放され、ようやく八十年前に独立したのだから、言語もその影響が大きく残っているわけだ。

ポルボーの人形・おもちゃ博物館でサンタクロースの人形を見たり、大聖堂の近くの店でフィンランドの通貨であるマルカを使ってソフトクリームを買って食べたり、何となく時間が経過して、再びハイウェーを通ってヘルシンキに帰る。

ラジソンSASヘスペリヤホテル

SAS系の中でも中の上クラスに該当するホテル。ホテルの前は湖のような入り江でトーロン湾という風光明媚な所。ヘルシンキの街はストックホルムとよく似ており、森と湖や海が近く、豊富な自然に恵まれ、公園の中に街がある感じが強い。

ホテルの前を市電が走っているので、翌日の午前中に散策をした。上村君と二人で歩いて、昨日行けなかったオリンピックスタジアムを訪れた。ホテルから歩いて五分くらいの距離なので、ホテルの前に立つと競技場のポールが見える。

競技場の入り口で、ヘルシンキオリンピックで金メダルを数個取った陸上長距離競技の英雄パブロ・ヌルミ選手の立体像があり、二人で交互に像をバックにパチリと写し、競技場のマラソンゲート近くまで行き、ここでも交互にスナップ撮影をする。

開門が十一時からなので中に入ることはできず、またそのまま歩いてホテルまで帰った。市電の乗り方について、ガイドの梅原さんが説明してくれたので、ホテル前の停留所から七番の電車に乗って三つ目の停留所で下車、ヘルシンキ中央駅に行った。

朝のラッシュ時間を過ぎていたので、駅の雑踏も少なく、長距離の国際急行列車の発着が見られたら良いくらいに考えて構内に入って時刻表を見ると、あいにく時間帯が悪く、ローカル列車しか発着がなかった。

ホームで待っていると、シャトルカーが二度入線してきたが、後はほとんどなかった。仕方なく構内のキヨスクでアイスクリームを求めて食べただけで、正面玄関前でスナップを撮り、帰りは一〇番の電車に乗ってホテルに無事帰りついた。

中央駅に出かけたもうひとつの理由は、昨日のバスの中から見たポルノ看板をぜひ見たいと上村君が言うので、駅の近辺で探したが、結局肝心の看板にお目にかかれずじまいだった。上村君ウーン残念だったね。いい年をして、ポルノもあったもんじゃないと思う。

お昼過ぎ、再び梅原ガイドの案内で、ヘルシンキ・ヴァンター国際空港に向かう。十日間の北欧の旅も今日で終わり。毎日楽しい雰囲気で、一人の落後者もなく帰途につく。昨年のような失敗もなく、短期間に四カ国を効率的に訪れることができたのは、旅行社のツアーコンダクターのお蔭だと思う。

個人旅行では思いがけない出会いや経験があるが、名所旧跡をもれなく訪れて、解説つきのツアーも結構楽しいものだった。

第六章　終着駅

家族揃って京都へ出かけた。右から長男の嘉彦、賀子（嘉彦の妻）、潔子、私、長女の雅子

「普照院釈尼妙和」

今でも時折、潔子の夢を見る。目が覚めても潔子が家の中にいるような気がすることもある。昼寝をしていて潔子の夢を見ることもある。

潔子の写真は、各部屋にはもちろん、台所や玄関そして車の中と財布にも入れているが、どのスナップを見ても良い顔をしている。

潔子は誰にでも好かれた。転勤で八回ほど引っ越したが、どこに行ってもすぐに近所の人と仲良くなった。潔子のお蔭で、いまだに親戚以上の深い交流が続いている人もある。とにかく潔子のお蔭で、ずいぶん楽しい思い出がたくさん残っている。何度生まれ変わっても、潔子と一緒にいたいし、常に私の心の中で呼びかけているような気持ちになる。

生前、話し合ったことを改めて思い出す。

「どちらが先に逝っても、必ず三途の川は一緒に渡るように、川の手前で待っているように約束しよう」

そしてよく言ったものだ。

「お前は物覚えが悪いから、先に逝くと直ぐに約束を忘れて、よその人とさっさと川を渡ってしまうから、俺が先に逝かないと困るよ」

全く俺が先に逝くべきだった。こんなに長くこの世にいては、愛想を尽かしてどこかに出かけたかなあ？　淋しい、寂しい、お互いにサミシイから間もなく逝くので待っていてほしいよ。この世に一人で住んでも、何にもいいことがあるはずないよ。

潔子がいなければ何にもならない。愛犬のタローも十九歳になってすごいおじいさんだ。一番可愛がってくれた潔子がいないので毎日寂しそうだ。でも私はタローにずいぶん支えられていると思う。タローもいなくなったらどうしよう。タローはあと数カ月の寿命かもしれないし、私もあと数年もてば良いと思っている。

これからの数年を一日一日に悔いのないように生きてゆこう。

南無阿彌陀佛

初孫「晃佑」君の誕生

平成十三年九月十二日午後七時四十一分、私にとっての初孫が誕生した。ほとんどあきらめていた孫だけに、両家の嬉しさは言葉に言い尽くせないし、大きな幸せをもたらせてくれたと思う。長男夫婦は結婚して十四年経過しており、既に四十路に入っており、昔ならば高齢出産の初産でもあり、無事誕生まで大変気がかりだった。

早速、予定日の半月ほど前になり、初めてデジタルハンディカムを購入し、機器の操作を練習しつつ待ち構えていた。全く親馬鹿か、爺馬鹿かしりませんが、会う人ごとに、

「アメリカで大事件のテロが起こった反動で、たくさんの亡くなった方の生まれ変わりみたいに、我が家で男の初孫が生まれましてね…」

病院での順調な経過を経て、お七夜の日に母子共無事に退院し、浅間神社の見立てによる命名で「晃佑」（こうすけ）と名付けた。

謂れは、「財禄恵沢にして、一家潤光の吉相」だそうで、何となく分かったような、難しい表現なので詳しくはまだ聞いていないので、とにかくめでたい結果となるように、これからの子育てと養育に精一杯がんばってほしい。

赤ん坊の顔を見ていると、父親の嘉彦が生まれた時の顔相にそっくりである。私は当時長男の出産には、潔子の手を握って立ち会ったので、なおさら感慨を深くしたし、亡き妻に見せてやりたかった

と思うと、何ともやりきれない気持ちがこみ上げて、胸がいっぱいになってしまった。
どんな人物に成長するか、成人となるまでは、私はとても生きてはおれないので、神仏に祈る気持ちで、この子の将来に幸大からん事を心から希望するものである。

あとがきにかえて

人は誰しもこの世に生まれて、あの世にゆく。生まれてから百年近くも生きる人があれば、生後間もなく生を閉じる人もある。大部分の人は数十年の一度だけの人生を生きることとなる。思いがけない出会いと別れを繰り返して、たくさんの人にお世話になり、時には迷惑をかけつつ成長してこの世を去る。

「露と落ち　露と消えにしわが身かな　浪華の事は　夢のまた夢」
豊臣　秀吉　六十七歳

「あら楽し　思いは晴るる身は棄つる　浮世の月に　かかる雲なし」
大石内蔵之助　四十五歳

この二人の人生は、巧成り名を挙げて後、この世を去るときに辞世の句として、このように詠んだものだが、凡人の私には余生を生きるのに精一杯であった。

妻に先立たれて十三年、七十年生きて自分の生き様を綴ってみたけれど、人様に感銘を与えるような事は何もせずに、過ぎ去った経験を思いつくままに記述してみた。たくさんの人にお世話になり、その上にご迷惑をかけっぱなしの一生だったと考えている。自分勝手でわがままな男に仲良くお付き合いいただき、心より感謝している。

一番お世話になったのは、やはり育ててくれた母と、結婚生活三十二年間に、いろいろと面倒をかけたのにいつもやさしい笑顔で支えてくれた妻であると思っている。

最高の母に、最良の妻よ、ありがとう。

「花に触れ　一人去り行く我が道の　浮世の旅は　思い残さず」

宮田　武彦

平成十三年十二月

私の年表

西暦　年号	社会の出来事	私　事
1932（昭和7年）	上海事変勃発・	2月　大阪市西淀川区野里にて出生
	リットン調査団来日	
1935（昭和10年）	日中戦争始まる	9月　父哲政死去二十八歳
		12月　潔子千葉県八日市場市にて出生
1938（昭和13年）	東条軍事内閣発足	4月　越路小学校入学
1941（昭和16年）	第二次世界大戦始まる	
	ハワイ真珠湾攻撃	
1944（昭和19年）	サイパン・グアムで五万人玉砕	4月　石川県立七尾中学入学
1945（昭和20年）	広島・長崎に原爆投下	4月　学徒動員で工場に通勤
	日本無条件降伏で戦争終結	
1947（昭和22年）		4月　学制改革で七尾高校男女共学
1950（昭和25年）	朝鮮動乱勃発	4月　星薬科大学入学
1954（昭和29年）		4月　明治商事に入社水戸出張所勤務
1957（昭和32年）	世界初の人工衛星打ち上げ	1月　千葉出張所に転勤
1959（昭和34年）	皇太子殿下・美智子妃と結婚	
	伊勢湾台風にて死者五千名	12月　橋本潔子と結婚・明治記念館

1961（昭和36年）	北陸トンネル開通	1月　福井出張所に転勤
		4月　長男嘉彦生まれる
1963（昭和37年）	ケネディ大統領暗殺される	2月　ゴルフ森林公園でプレー
	横綱大鵬六場所連続優勝	
1964（昭和39年）	東京オリンピック開催	8月　長女雅子生まれる
	阪神タイガース、セリーグ優勝	
1965（昭和40年）	朝永振一郎ノーベル物理学賞	10月　名古屋営業所に転勤
1967（昭和42年）	中国文化大革命・毛沢東	10月　岐阜薬品出張所長に転勤
1969（昭和44年）	アポロ11号月面着陸	
1970（昭和45年）	大阪万国博覧会開催	11月　神澤君と沖縄・台北の旅 淡水ゴルフ場にてプレー
1971（昭和46年）	札幌オリンピック開催	10月　名古屋支店営業課長に転勤
1972（昭和47年）	連合赤軍浅間山荘事件	4月　明治製菓と合併、営業一課長
		5月　ハワイゴルフの旅
1974（昭和49年）	田中角栄ロッキード事件で退陣	5月　潔子とハワイ旅行、ヒロ市で山根夫人と会う
1975（昭和50年）	新幹線博多まで開通	7月　三重営業所長に転勤（単身）
1977（昭和52年）	王貞治七五六本塁打世界新記録	7月　名古屋支店次長兼静岡営業所長に単身赴任転勤

	日本赤軍「よど号」ハイジャック	8月　カナダ・アメリカ西海岸に潔子と二人きりで旅行
1978（昭和53年）	成田空港開港	1月　元日に母きの死去八十六歳
		4月　静岡市へ転居
1979（昭和54年）	東名日本坂トンネル事故 百七十三台炎上・七名死亡	3月　奈良田中末治郎叔父死去 嘉彦ヨーロッパ旅行
1980（昭和55年）	大平総理急死	6月　潔子乳癌手術
		10月　関東支店次長に転勤
1982（昭和57年）	中曽根内閣発足	12月　生母水野俊子死去七十歳
1984（昭和59年）	五百円コイン発行	6月　潔子と二人でヨーロッパ旅行
1985（昭和60年）	日航ジャンボ機墜落五百二十名死亡 阪神タイガース日本シリーズ優勝	
1986（昭和61年）	国鉄民営化ＪＲ誕生	6月　市立静岡病院にて心臓手術
1987（昭和62年）	竹下内閣発足	1月　田中八重祖母死去九十三歳
	瀬戸大橋開通	4月　嘉彦・賀子結婚
		5月　雅子・平野弘一と結婚
		7月　薬専営業静岡駐在に転勤
		10月　田中健次叔父死去七十七歳
1989（昭和64年）	昭和天皇崩御	2月　潔子子宮ガン手術

（平成1年）　消費税3％実施　6月　潔子とアメリカ南東部旅行
ベルリンの壁崩壊
1990（平成2年）　美空ひばり死去五十二歳　5月　潔子の兄・橋本卓死去六十五歳
1991（平成3年）　雲仙普賢岳火砕流死者四十三名　9月25日　潔子永眠五十五歳
ソ連邦が崩壊
中東戦争始まる
1992（平成4年）　バルセロナ・オリンピック　2月　明治製菓定年退職
岩崎恭子金メダル　4月　静岡大学人文学部入学
1993（平成5年）　皇太子徳仁・小和田雅子さんと結婚　5月　ハワイ島マウナケアに
潔子の分骨埋葬
サッカーJリーグ開幕　9月　普照院釈尼妙和三回忌法要
1994（平成6年）　ドル安円高で価格破壊百円切れる　1月　橋本はつ（潔子母）死去
6月　南アフリカ旅行
（ヨハネスバーグ・ケープタウン）
1995（平成7年）　阪神淡路大震災六千名死者
オーム真理教・サリン事件
1996（平成8年）　映画俳優・渥美清死去　5月　協和医科器械に入社
11月　清水港から豪華客船
「日本丸」で韓国へ
1997（平成9年）　ペルー日本大使館人質事件　9月　カナダ（ウィスラー・ロッキー・

		トロント・ナイアガラ）旅行
1998（平成10年）	橋本竜太郎内閣 小渕恵三内閣	1月 オーストラリアに慰安旅行 創立四十周年記念で全社員 12月 インド・アジア薬学会出席
1999（平成11年）		4月 ハワイ一人旅・ヒロ市に 12月 タロー体調悪く（腹水充満） 五日入院
2000（平成12年）	小渕総理死去 森喜郎内閣	5月 心臓発作ステント挿入入院 6月 アメリカ（シカゴ・ミルウォーキー・ インディアナポリス）の旅
2001（平成13年）	小泉内閣 ニューヨークで同時多発テロ アフガン・タリバン戦争 ビンラデンの行方知れず 敬宮愛子内親王殿下誕生	8月 北欧（デンマーク・ノルウェー・ スウェーデン・フィンランド）の旅 9月 初孫「晃佑」誕生

著者プロフィール

宮田 武彦（みやた たけひこ）

昭和7年2月 大阪府に生まれる
昭和29年3月 星薬科大学薬学部卒業
昭和29年4月 明治商事株式会社入社
平成4年2月 定年退職
平成6年3月 静岡大学人文学部社会学科社会人特別選抜聴講生修了
平成8年5月 協和医科器械株式会社入社
現在に至る

人生は一度だけ

2002年5月15日 初版第1刷発行

著 者 宮田 武彦
発行者 瓜谷 綱延
発行所 株式会社 文芸社
〒160-0022 東京都新宿区新宿1-10-1
電話 03-5369-3060（編集）
03-5369-2299（販売）
振替 00190-8-728265

印刷所 株式会社 エーヴィスシステムズ

ISBN4-8355-3738-6 C0095